LA BIBLIA DE LAS RECETAS KETOGÉNICAS CHINAS

2 IN 1

MÁS DE 100 SABROSAS RECETAS FÁCILES

VALERIA MELIS, EMILIANA REMIREZ

Reservados todos los derechos.
Descargo de responsabilidad

La información contenida i está destinada a servir como una colección completa de estrategias sobre las que el autor de este libro electrónico ha investigado. Los resúmenes, estrategias, consejos y trucos son solo recomendaciones del autor, y la lectura de este libro electrónico no garantiza que los resultados de uno reflejen exactamente los resultados del autor. El autor del libro electrónico ha realizado todos los esfuerzos razonables para proporcionar información actualizada y precisa a los lectores del libro electrónico. El autor y sus asociados no serán responsables de ningún error u omisión no intencional que pueda encontrarse. El material del eBook puede incluir información de terceros. Los materiales de terceros forman parte de las opiniones expresadas por sus propietarios. Como tal, el autor del libro electrónico no asume responsabilidad alguna por ningún material u opiniones de terceros. Ya sea debido a la progresión de Internet, o a los cambios imprevistos en la política de la empresa y las pautas de presentación editorial, lo que se declara como un hecho en el momento de escribir este artículo puede volverse obsoleto o inaplicable más adelante.

El libro electrónico tiene copyright © 2021 con todos los derechos reservados. Es ilegal redistribuir, copiar o crear trabajos derivados de este libro electrónico en su totalidad o en parte. Ninguna parte de este informe puede ser reproducida o retransmitida de forma reproducida o retransmitida en cualquier forma sin el permiso expreso y firmado por escrito del autor.

Sommario

INTRODUCCIÓN **11**

MARISCOS CHINOS **12**

- A) LANGOSTA CANTONÉS **12**
- B) CAMARONES KETO HUNAN **14**
- C) CANGREJO RAGOON **17**
- D) SALMÓN KETO CON BOK-CHOY **19**
- E) cagrejo de RANGÚN **21**
- F) CAMARONES DE SHANGHAI **23**
- G) TEMPURA DE CAMARONES KETO **25**
- H) LANGOSTINOS CON SALSA DE MANÍ **28**
- I) BOLAS DE CERDO KETO **30**
- J) LANGOSTINOS A LA MANTEQUILLA **32**
- K) PESCADO FRITO KETO PICANTE **34**
- L) FILETES DE PESCADO SALTEADOS **36**
- M) CAMARONES CON MIEL Y NUECES **38**
- N) CAMARONES KETO KUNG PAO **40**
- O) PASTA DE CAMARONES **42**
- P) TOSTADA RÁPIDA DE CAMARONES KETO **44**
- Q) TOSTADA DE CAMARONES FRITOS CRUJIENTES **46**

RECETAS CHINAS DE POLLO **47**

- R) PATO ASADO CANTONÉS **48**
- S) POLLO DE NUECES **51**
- T) OLLA DE FUEGO CHINO **53**
- U) POLLO CHOW MEIN **56**
- V) POLLO KETO DE PIEL CRUJIENTE **58**

W)	ALAS DE POLLO EMPERATRIZ	61
X)	POLLO DEL GENERAL TSAO (KETO)	63
Y)	ALITAS DE POLLO CON JENGIBRE	66
Z)	KETO LO MEIN	68
AA)	RUMAKI	70
BB)	POLLO SICHUAN	72
CC)	POLLO KETO KUNG PAO	74
DD)	POLLO ENVUELTO EN PAPEL KETO	76
EE)	MOO GOO GAI PAN	80
FF)	POLLO KETO MU SHU	82
GG)	MOO GOO GAI PAN	84
HH)	PRINCESA POLLO	86
II)	POLLO AHUMADO AL TÉ	88
JJ)	ALITAS DE POLLO CON SALSA DE OSTRAS	90
KK)	ALITAS DE POLLO RELLENAS	92
LL)	ALAS KETO BORRACHAS	95

RECETAS DE CERDO CHINO 97

MM)	POTSTICKERS CON VINO DE ARROZ KONJAC (KETO)	98
NN)	BROTES DE CERDO Y BAMBÚ	100
OO)	CABEZA DE LEÓN KETO	102
PP)	ROLLITO DE HUEVO DE CERDO SIN RELLENO	105
QQ)	GOW GEES TRADICIONAL	107
RR)	ALBÓNDIGAS KETO SIU MAI	109
SS)	CHOP SUEY DE CERDO CETOGÉNICO	111
TT)	CERDO HOISIN PICANTE	114
UU)	JAMÓN CON PERA ASIÁTICA	116

CARNE CHINA 117

VV)	COSTILLAS ASIÁTICAS CETOGÉNICAS A LA PARRILLA	118

WW)	Costillas a la Parrilla	120
XX)	satay de carne	122
YY)	Ternera con brócoli	124
ZZ)	Carne de res Kwangton	126
AAA)	Albóndigas Cantonesas	128
BBB)	Rollos Hoisin de Carne de Res y Cebolleta	130
CCC)	Bife Teriyaki	132
DDD)	Carne de res envuelta en regalo	134
EEE)	Congee con Carne	137
FFF)	Albóndigas Asiáticas Keto	140
GGG)	Carne Mu Shu	142
HHH)	Ternera Keto Naranja	144

CONCLUSIÓN 146

INTRODUCCIÓN 150

RECETAS CHINAS DE HUEVO 152

5.	Sopa de huevo	152
6.	Rollos de huevo keto	154
7.	Keto Foo Yung	156
8.	Huevo Foo Yung con Camarones	159
9.	Huevo Veggie Foo Yung	162
10.	Huevo Foo Yung con Cerdo	164
11.	Comida de huevo Yung con salchicha china	167
12.	Salsa de huevo Foo Yung Hoisin	169
13.	Salsa de huevo Foo Yung con caldo de res	171
14.	Huevos cocidos en rojo keto	173
15.	Salsa de pollo Egg Foo Yung	175
16.	Huevos envueltos en col rizada	177
17.	Bocaditos de huevo Sous Vide	180

18. Huevos revueltos 183
19. Muffins de huevo de taco 186
20. Huevos rellenos 189
21. Frittata de espinacas y pimiento rojo 191

VERDURAS CHNESAS 194

22. Keto Ma Po 195
23. Arroz konjac pegajoso en hojas de col 197
24. "Algas marinas" chinas crujientes 200
25. Champiñones Keto Fritos 202
26. Mini panqueques de cebolleta 204
27. Castañas de agua salteadas y brotes de bambú 206
28. Shui Mai 208
29. Rollitos de primavera sin gluten 210
30. Salteado keto de jengibre y ajo Bok Choy 212
31. Aperitivo de castañas de agua 214
32. Espinacas Salteadas Con Ajo Asado 216
33. Brócoli con Salsa de Ostras 218
34. Calabaza estriada estofada con champiñones 220
35. Brócoli chino estofado (Gai Lan) en salsa de ostras 222
36. Calabaza estriada con pimiento rojo (ceto) 224
37. Verduras Mu Shu 225

POSTRES Y BOCADILLOS DE KETO CHINO 227

38. Mezcla de fiesta de fusión asiática 228
39. Tortas de arroz prensado de Konjac 230
40. Alas pegajosas chinas 232
41. Punks asiáticos 234
42. Guisantes de nieve engrasados 236

6

43. GALLETAS DE ALMENDRA.............................238
44. TARTAS DE NATILLAS DE HUEVO KETO 240
45. "HELADO" DE PIÑA Y JENGIBRE 242
46. POSTRE DE GELATINA DE HIERBA 244
47. BOLAS DE SEMILLAS DE SÉSAMO 246
48. PAJARITAS PARA NIÑOS.............................249

FIDEOS CHINOS Y ARROZ KONJAC........................251

49. FIDEOS KETO DE SÉSAMO 252
50. FIDEOS DE ARROZ KONJAC PICANTES, AGRIOS Y PICANTES 254
51. DIVERSIÓN DE BEEF CHOW 256
52. PANQUEQUE DE FIDEOS KETO 258
53. FIDEOS DAN DAN 260
54. ARROZ KONJAC FRITO Y KETO DE YANGCHOW O ARROZ DE COLIFLOR..262
55. CENA DE ARROZ Y SALCHICHA KONJAC 265
56. CERDO EN SALSA DE OSTRAS CON FIDEOS DE CELOFÁN **267**

ENSALADA KETO CHINA.................................269

57. ENSALADA DE CALABAZA CHINA.....................270
58. ENSALADA GADO GADO AL ESTILO CHINO 272
59. ENSALADA DE CARNE AL VAPOR 274
60. ENSALADA DE PASTA SZECHUAN KETO-FRIENDLY 276
61. ENSALADA DE BROTES DE SOJA.....................279
62. ENSALADA CHINA DE CALABAZA CETOGÉNICA 282
63. ENSALADA ASIÁTICA DE PEPINO 284
64. ENSALADA DE BISTEC CON ESPECIAS ASIÁTICAS......286

CONCLUSIÓN **289**

LIBRO DE COCINA CHINESE KETO

MÁS DE 50 RECETAS SABROSAS Y FÁCILES

PARA UNA DIETA SALUDABLE BAJA EN CARBOHIDRATOS

EMILIANA REMIREZ

Reservados todos los derechos.
Descargo de responsabilidad

La información contenida i está destinada a servir como una colección completa de estrategias sobre las que el autor de este libro electrónico ha investigado. Los resúmenes, estrategias, consejos y trucos son solo recomendaciones del autor, y la lectura de este libro electrónico no garantiza que los resultados de uno reflejen exactamente los resultados del autor. El autor del libro electrónico ha realizado todos los esfuerzos razonables para proporcionar información actualizada y precisa a los lectores del libro electrónico. El autor y sus asociados no serán responsables de ningún error u omisión no intencional que pueda encontrarse. El material del eBook puede incluir información de terceros. Los materiales de terceros forman parte de las opiniones expresadas por sus propietarios. Como tal, el autor del libro electrónico no asume responsabilidad alguna por ningún material u opiniones de terceros. Ya sea debido a la progresión de Internet, o a los cambios imprevistos en la política de la empresa y las pautas de presentación editorial, lo que se declara como un hecho en el momento de escribir este artículo puede volverse obsoleto o inaplicable más adelante.

El libro electrónico tiene copyright © 2021 con todos los derechos reservados. Es ilegal redistribuir, copiar o crear trabajos derivados de este libro electrónico en su totalidad o en parte. Ninguna parte de este informe puede ser reproducida o retransmitida de forma reproducida o retransmitida en cualquier forma sin el permiso expreso y firmado por escrito del autor.

INTRODUCCIÓN

La cocina china es una parte importante de la cultura china, que incluye cocinas originarias de las diversas regiones de China, así como de chinos de ultramar que se han establecido en otras partes del mundo. Debido a la diáspora china y al poder histórico del país, la cocina china ha influido en muchas otras cocinas de Asia, con modificaciones realizadas para satisfacer los paladares locales. Los alimentos básicos chinos como el arroz, la salsa de soja, los fideos, el té, el aceite de chile y el tofu, y los utensilios como los palillos chinos y el wok, ahora se pueden encontrar en todo el mundo.

Navegar por una cocina china puede ser un desafío si está tratando de seguir la dieta cetogénica baja en carbohidratos y alta en grasas. Aunque cargado de verduras; muchos platos chinos a menudo se preparan con fideos y arroz, salsas con almidón y azúcar, o carnes rebozadas y fritas que pueden contener carbohidratos.

La dieta cetogénica es una dieta muy baja en carbohidratos y alta en grasas que comparte muchas similitudes con las dietas Atkins y bajas en carbohidratos. Implica reducir drásticamente la ingesta de carbohidratos y reemplazarlos con grasas. Esta reducción de carbohidratos pone a su cuerpo en un estado metabólico llamado cetosis. Cuando esto sucede, su cuerpo se vuelve increíblemente eficiente en la quema de grasa para obtener energía. También convierte la grasa en cetonas en el hígado, que pueden suministrar energía al cerebro.

Estos alimentos son difíciles de incluir en una dieta cetogénica, que generalmente restringe la ingesta de carbohidratos a no más de 50 gramos de carbohidratos totales o 25 gramos de carbohidratos netos, que es el total de carbohidratos menos fibra, por día.

MARISCOS CHINOS

a) Langosta cantonés

- 1 libra de colas de langosta
- 1 diente de ajo picado
- 1 cucharadita de frijoles de soja negros fermentados - enjuagados y escurridos 2 cucharadas de aceite
- 1/4 lb. Carne de cerdo molida 1 1/2 taza de agua caliente
- 1 1/2 cucharadas de salsa de soja
- 1 cucharadita de MSG (opcional) 2 cucharadas de maicena
- cucharadas de jerez seco 1 huevo
- cucharadas de agua
- Ramitas de cilantro Rizos de cebolla verde Arroz konjac cocido caliente o arroz de coliflor

a) Para obtener los mejores resultados en la preparación de este atractivo plato chino, cocine los trozos de langosta lo más rápido posible. El huevo batido agregado a la salsa la hace más rica y cremosa.

b) Con un cuchillo afilado, saque la carne de langosta del caparazón y córtela en medallones. Pica el ajo y los frijoles negros de soja juntos. Caliente el aceite en un wok o sartén y agregue la mezcla de ajo. Cocine y revuelva unos segundos. Agregue la carne de cerdo y cocine unos 10 minutos, revolviendo para romper la carne.

c) Agregue agua caliente, salsa de soja y MSG. Agrega los medallones de langosta y cocina 2 minutos. Mezcle la maicena y el jerez y agregue la salsa. Batir el huevo con 3 cucharadas de agua y mezclar con la salsa. Cocine a fuego lento durante 30 segundos, revolviendo constantemente. La salsa debe ser cremosa pero no espesa. Vierta en el centro del plato.

d) Coloque los medallones en salsa en un patrón decorativo. Adorne con rizos de cilantro y cebolla verde. Para cada porción, coloque algunos medallones de langosta sobre arroz Konjac en un tazón.

e) Vierta la salsa sobre la langosta

b) Camarones Keto Hunan

- 3 a 4 tazas de aceite de maní
- 1 1/2 libras de camarones; pelar, desvenar, dejar las porciones de la cola, lavar, secar, refrigerar durante al menos 4 horas
- 1/2 taza de cebollas cortadas en cubitos en trozos de 1/4 de pulgada 2 1 cucharada de jengibre fresco finamente picado
- 1 diente de ajo picado

Para una salsa, combine en un tazón y mezcle bien:
- 1 1/2 cucharada de salsa de ostras
- 1 cucharada de salsa de tomate 1/2 cucharadita de sal
- Pizca de pimienta blanca
- 2 cucharaditas de pimienta de Hunan [las hojuelas de pimienta remojadas en el fondo del aceite caliente] o sustitúyalas por 2 cucharaditas. pasta de chile, sambal ooleck O 1 cucharadita colmada
- 1 hojuelas de pimiento rojo triturado más 1 cucharadita de aceite 1 cucharadita de aceite de sésamo

a) Vierta aceite de maní en un wok y caliente a 375 grados F.
b) Escaldar con aceite los camarones durante 45 segundos a 1 minuto, hasta que los camarones comiencen a ponerse rosados y a rizarse.
c) Eliminar; dejar de lado.
d) Retire el aceite del wok y luego reemplace 2 cucharadas de aceite. Caliente el aceite hasta que aparezca un humo blanco.

e) Agregue la cebolla, el jengibre y el ajo, y saltee hasta que las cebollas se ablanden, aproximadamente 2 minutos. Agregue los camarones y mezcle bien.
f) Revuelva la salsa y vierta en el wok. Revuelva hasta que los camarones estén bien cubiertos. Agregue aceite de sésamo, apague el fuego y revuelva bien. Retirar del wok y servir inmediatamente.

c) **Cangrejo Ragoon**

- 1 o 2 paquetes (8 onzas) de queso Neufchatel, ablandado (o queso crema). Cantidad basada en lo "cursi" que prefieras.
- 1 lata (6 onzas) de carne de cangrejo, escurrida y desmenuzada 2 cebollas verdes, incluida la parte superior, en rodajas finas
- 1 diente de ajo picado
- cucharaditas de salsa Worcestershire 1/2 cucharadita de salsa de soja ligera
- 1 paquete (48 unidades) de recubrimiento vegetal en aerosol para pieles de won ton

a) Llenado: En un tazón mediano, combine todos los ingredientes excepto las pieles won ton y el recubrimiento en aerosol; mezcle hasta que esté bien mezclado.
b) Para evitar que las pieles de won ton se sequen, prepare uno o dos Rangún a la vez. Coloque 1 cucharadita de relleno en el centro de cada piel de won ton.
c) Humedezca los bordes con agua; Doblar por la mitad para formar un triángulo, presionando los bordes para sellar. Tire de las esquinas inferiores hacia abajo y superponga ligeramente; humedezca una esquina y presione para sellar. Rocíe ligeramente una bandeja para hornear con cobertura vegetal.
d) Coloque Rangún en una hoja y rocíe ligeramente para cubrir. Hornear en 425
e) Hornee a grados Fahrenheit durante 12 a 15 minutos, o hasta que estén doradas. Sirva caliente con salsa agridulce o salsa de mostaza.

d) Salmón Keto con Bok-Choy

Ingredientes
- 1 taza de pimientos rojos asados y escurridos
- 2 tazas de bok-choy picado
- 1 cucharada de mantequilla con sal
- 5 onzas filete de salmón
- 1 limón en rodajas muy finas
- 1/8 cucharada de pimienta negra
- 1 cucharada de aceite de oliva
- 2 cucharadas de salsa sriracha

Direcciones

a) Coloque el aceite en una sartén. Coloque todas menos 4 rodajas de limón en la sartén. Espolvorea el bok choy con pimienta negra. Sofreír el bok-choy con los limones.
b) Retirar y colocar en cuatro platos. Coloca la mantequilla en la sartén y sofríe el salmón, volteándolo una vez. Coloque el salmón sobre la cama de bok-choy.
c) Divida los pimientos rojos y rodee el salmón. Coloque una rodaja de limón sobre el salmón. Rocíe con salsa sriracha.
d) Congele el salmón cocido en bolsas individuales con cierre hermético. Coloque el bok choy con los ingredientes restantes en recipientes de una taza. Microondas el salmón por un minuto y el bok choy congelado por dos. Ensamblar para servir.

e) **cagrejo de Rangún**

- 48 envoltorios de wonton
- 1 taza de carne de cangrejo fresca o enlatada
- 1 taza de queso crema
- ½ cucharadita de salsa Worcestershire
- ½ cucharadita de salsa de soja
- ⅛ cucharadita de pimienta blanca recién molida, o al gusto
- 2 cucharaditas de cebolla picada
- 1½ cebollas verdes, en rodajas finas
- 1 diente de ajo grande, picado Agua para mojar los wontons
- 4 tazas de aceite para freír

- Cubra los envoltorios de wonton con una toalla húmeda para evitar que se sequen. Dejar de lado.
- Si usa carne de cangrejo enlatada, escúrrala bien. Cocine la carne de cangrejo con un tenedor. Agregue el queso crema, luego mezcle la salsa Worcestershire, la salsa de soja, la pimienta blanca, la cebolla, la cebolla verde y el ajo.
- Para preparar el cangrejo Rangoon: coloque un envoltorio en forma de diamante o círculo, dependiendo de la forma de envoltorios de wonton que esté utilizando. Agregue una cucharadita colmada de relleno en el medio, esparza uniformemente pero no demasiado cerca de los bordes. Extienda el agua por los 4 lados. Dobla la parte inferior sobre la parte superior para formar un triángulo (los envoltorios redondos formarán una media luna). Selle los bordes, agregando más agua si es necesario. Cubra los

wontons rellenos con una toalla húmeda para evitar que se sequen.

- Caliente 4 tazas de aceite en un wok precalentado a 375 ° F. Deslice los envoltorios de wonton de a pocos a la vez y fríalos durante 2 a 3 minutos, hasta que se doren. Retirar con una espumadera y escurrir sobre toallas de papel. Dejar enfriar y servir.

f) Camarones de Shanghai

- 1 1/2 libras de camarones crudos de tamaño mediano, con cáscara en 4 cucharadas de aceite vegetal
- rodajas finas de jengibre fresco 3 cebolletas, cortadas en cuartos 2 cucharadas de jerez seco
- cucharadas de salsa de soja oscura
- 2 cucharaditas de vinagre de vino tinto

a) Retire las patas de los camarones con unas tijeras. Hacer una abertura en la parte posterior de cada camarón y desvenar, dejando la cáscara y la cola.
b) Calentar el aceite en una sartén o wok. Sofreír el jengibre y las cebolletas a fuego lento durante 30 segundos, hasta que haya un aroma. Agrega los camarones y sofríe durante 1 minuto a fuego alto. Agrega el resto de los ingredientes y sofríe hasta que la salsa esté glaseada, aproximadamente 2 minutos.
c) Servir caliente oa temperatura ambiente.

g) Tempura de camarones keto

MASA:
- 2 tazas de harina para pastel
- 2 huevos; vencido
- 2 tazas de agua helada

SALSA TEMPURA:
- 1 taza de salsa de soja 1/2 taza de Mirin
- 2 tazas de agua
- 1 cucharadita de glutamato monosódico (opcional)
- 1 rábano japonés (daikon), rallado

TEMPURA:
- 1 libra de camarones grandes
- 6 lg. Hongos; rebanado
- 6 rodajas de berenjena; cortado en tiras
- 6 tiras de apio, 3 "de largo
- Zanahorias: cortadas en tiras de 3 "de largo
- 3 rebanadas de calabaza dulce: cortadas en tiras de 3 "de largo
- Aceite para freír Harina multiusos

a) Mezcle la harina para pastel con los huevos y el agua helada hasta que la masa esté ligeramente grumosa. Enfriar. Para hacer la salsa, combine la salsa de soja, el mirin, el agua y el glutamato monosódico en una cacerola y deje hervir. Coloque una pequeña cantidad de salsa en platillos pequeños con 1 cucharadita de rábano rallado en cada uno. Dejar de lado.

b) Para preparar tempura, pelar y desvenar los camarones, dejando la cola, intacta. Aplana ligeramente con un fuerte golpe de cuchilla o con el lado plano de un cuchillo pesado para que los camarones no se doblen mientras se cocinan. Coloque los camarones, los champiñones, la berenjena, el apio, las zanahorias, la calabaza dulce de manera atractiva en una bandeja o fuente grande. Caliente el aceite en una olla profunda a 350F.

c) Batir la masa. Sumerja los camarones en harina para todo uso, luego en la masa fría, agitando para eliminar el exceso de masa. Deslizar en grasa profunda y freír hasta que los camarones suban a la superficie.

d) Mientras los camarones se balancean sobre la superficie del aceite, vierta un poco más de masa encima de cada camarón y cocine hasta que la masa esté crujiente y ligeramente dorada. Dar la vuelta una vez y retirar con una espumadera o un tenedor y escurrir sobre una rejilla. Mantener caliente.

e) Sumerja las verduras en la harina y la masa y cocine de la misma manera. Continúe cocinando y escurriendo los camarones y las verduras, unos pocos a la vez.

h) Langostinos con Salsa de Maní

- 24 langostinos medianos, pelados y desvenados 24 vainas de guisantes chinos
- 24 aceitunas negras maduras

SALSA:
- 1/4 taza de jerez seco
- 1/4 taza de salsa de soja
- 1/4 taza de mantequilla de maní
- cucharadas de aceite vegetal
- 4 dientes de ajo picados

Alterne langostinos, vainas de guisantes y aceitunas en palillos de bambú.

Combine el jerez, la salsa de soja, la mantequilla de maní, el aceite y el ajo y mezcle bien. Ase o ase las brochetas durante 6 a 10 minutos o hasta que las gambas se pongan rosadas y opacas, untando las gambas con frecuencia con salsa de maní. (Puede sustituir las gambas por 2 pechugas de pollo enteras, deshuesadas y sin piel. Cortar cada mitad de la pechuga en 6 trozos y ensartar con las vainas de guisantes y las aceitunas. Ase a la parrilla o a la parrilla durante 10 minutos o hasta que estén cocidas.

i) **Bolas de cerdo keto**

- 3½ onzas de camarones frescos, con cáscara
- ¾ libra de carne de cerdo molida
- ¾ cucharadita de jengibre rallado
- 2 cucharaditas de cebolla verde finamente picada
- 2 cucharaditas de castaña de agua finamente picada
- 1¼ cucharaditas de vino de arroz chino o jerez seco
- ⅛ cucharadita de sal
- Pimienta al gusto
- 1 huevo
- 1 cucharadita de maicena
- 4-6 tazas de aceite para freír

a) Retirar las cáscaras de los camarones y desvenar. Pica los camarones hasta obtener una pasta fina.
b) Agrega la carne de cerdo molida a los camarones. Mezcle el jengibre, la cebolla verde, la castaña de agua, el vino de arroz Konjac, la sal, la pimienta, el huevo y la maicena.
c) Caliente el aceite en un wok precalentado a por lo menos 350 ° F. Mientras se calienta el aceite, dé forma a la mezcla de camarones y cerdo en bolas redondas aproximadamente del tamaño de una pelota de golf.
d) Cuando el aceite esté listo, sofreír las albóndigas de camarón y cerdo, unas pocas a la vez, hasta que estén doradas. (Asegúrese de que la carne de cerdo esté cocida, pero no se cocine demasiado). Retirar del wok con una espumadera y escurrir sobre toallas de papel.

j) Langostinos a la Mantequilla

- 2 tazas de langostinos tigre frescos
- ½ cucharadita de vino de arroz chino o jerez seco
- ¼ de cucharadita de sal
- 1 cucharadita de maicena
- ½ taza de caldo de pollo
- 1 cucharada más 1 cucharadita de salsa de ostras
- 2 cucharadas de aceite para sofreír
- 1 cucharada de mantequilla
- 1 diente de ajo pequeño, picado
- ½ cucharadita de salsa de chile con ajo

a) Pelar y desvenar las gambas. Enjuague con agua tibia y seque con toallas de papel. Marinar las gambas en vino de arroz Konjac, sal y maicena durante 15 minutos.
b) Combine el caldo de pollo, la salsa de ostras y reserve.
c) Agregue aceite a un wok o sartén precalentado. Cuando el aceite esté caliente, agregue las gambas y saltee brevemente, hasta que se pongan rosadas. Retirar y escurrir sobre toallas de papel.
d) Agregue la mantequilla, el ajo y la salsa de chile con ajo. Sofreír brevemente y luego añadir las gambas. Sofreír durante aproximadamente un minuto, mezclando las gambas con la mantequilla y luego agregar la salsa. Lleva la salsa a ebullición. Mezclar la salsa con las gambas y servir caliente.

k) Pescado frito keto picante

- ½ libra de filetes de pescado
- ½ taza de caldo de pollo
- 1 cucharadita de vinagre de arroz negro
- 1 cebolla verde
- 3 cucharadas de aceite para sofreír
- ½ cucharada de jengibre picado
- ¼ de cucharadita de pasta de chile
- 1 taza de champiñones frescos, rebanados

a) Lave los filetes de pescado y séquelos. Córtelo en rodajas de aproximadamente 2 pulgadas por ½ pulgada.
b) Combine el caldo de pollo, el vinagre de arroz integral y negro. Dejar de lado. Corta la cebolla verde en rodajas de 1 pulgada en diagonal.
c) Agregue 2 cucharadas de aceite a un wok o sartén precalentado. Cuando el aceite esté caliente, agregue los trozos de pescado. Sofreír hasta que se dore. Retirar del wok y escurrir sobre toallas de papel.
d) Agrega 1 cucharada de aceite al wok. Agregue la pasta de jengibre y chile y saltee hasta que esté aromático. Agrega los champiñones. Sofreír hasta que estén tiernos, luego empujar hacia los lados del wok. Agrega la salsa en el medio del wok y deja que hierva. Agregue el pescado y agregue la cebolla verde. Mezclar y servir caliente.

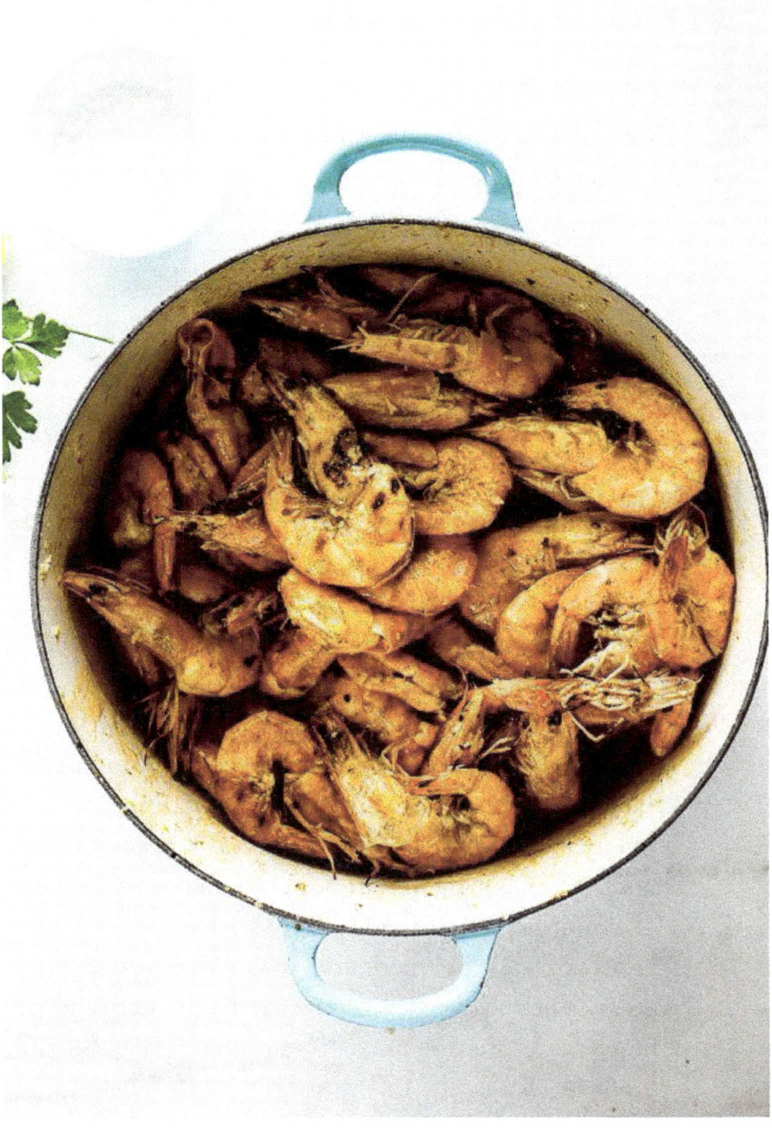

l) Filetes de pescado salteados

- ½ libra de filetes de pescado
- 1 cucharadita de vino de arroz chino o jerez seco
- 1 cucharada de salsa de soja
- 2 cebollas verdes, divididas
- 2 cucharadas de aceite para sofreír
- ½ taza de caldo de pollo
- 2 cucharadas de salsa de ostras
- ¼ de cucharadita de aceite de sésamo
- ½ cucharada de jengibre picado

a) Lave los filetes de pescado y séquelos con toallas de papel. Marine en el vino de arroz Konjac, salsa de soja y 1 cebolla verde en rodajas durante 30 minutos.
b) Combine el caldo de pollo, la salsa de ostras, el aceite de sésamo y el marrón. Dejar de lado. Corta la cebolla verde restante en trozos de 1 pulgada.
c) Agregue aceite a un wok o sartén precalentado. Cuando el aceite esté caliente, agregue el jengibre. Sofreír brevemente hasta que esté aromático. Agregue los filetes de pescado y cocine hasta que se doren por ambos lados (2-3 minutos por cada lado).
d) Agrega la salsa en el medio del wok y deja que hierva. Agrega la cebolla verde. Reduzca el fuego, cubra y cocine a fuego lento durante unos 10 minutos. Servir caliente.

37

m) Camarones con miel y nueces

- ½ taza de nueces picadas
- ½ libra de camarones
- 1 huevo, ligeramente batido
- 4 cucharadas de maicena
- 1½ cucharada de miel
- 3 cucharadas de mayonesa
- 3 ¾ cucharaditas de jugo de limón recién exprimido
- 3 cucharadas de leche de coco
- 3 tazas de aceite para freír

a) Temprano en el día, hierva los trozos de nuez durante 5 minutos. Escurrir bien. Enrollar los trozos de nuez y dejar secar.
b) Pelar y desvenar los camarones. Lave y seque con toallas de papel.
c) Caliente el aceite a 375 ° F. Mientras espera que el aceite se caliente, mezcle el huevo con la maicena para formar una masa. Sumerge los camarones en la masa de huevo. Fríe los camarones hasta que se doren. Retirar del wok con una espumadera y escurrir sobre toallas de papel. Fresco.
d) Combine la miel, la mayonesa, el jugo de limón y la leche de coco. Mezclar con los camarones. Sirve en una fuente con las nueces dispuestas alrededor de los camarones.

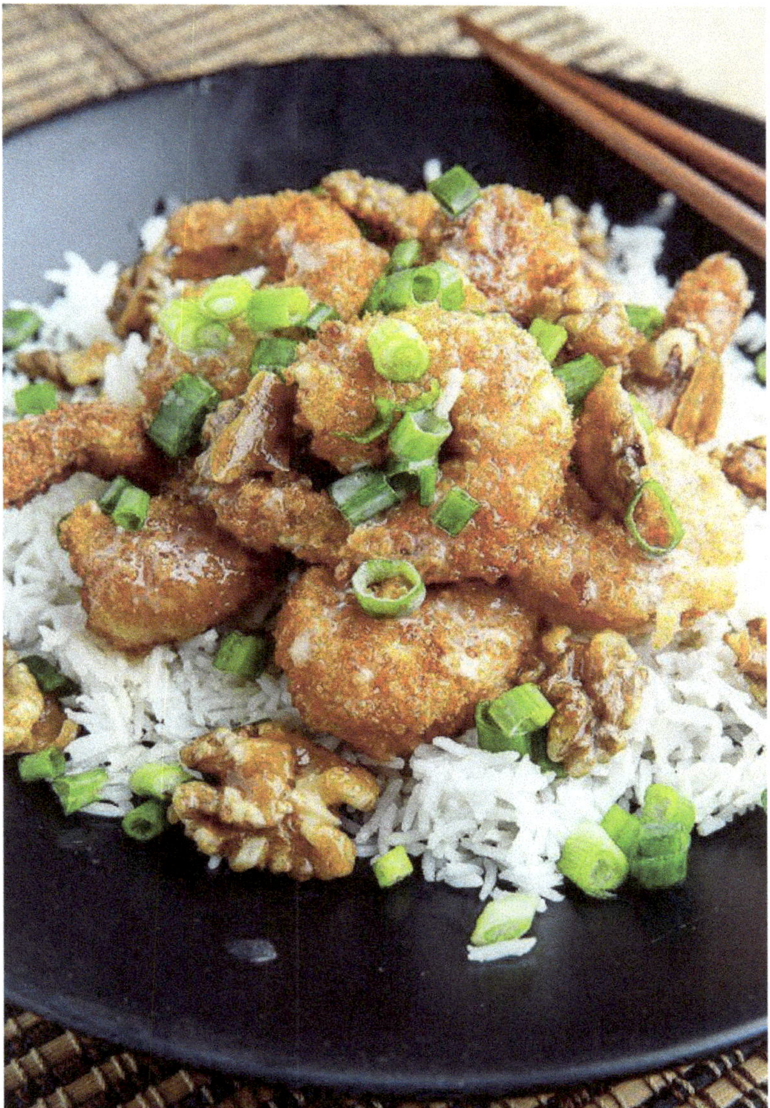

n) Camarones Keto Kung Pao

- 1 libra de camarones, pelados y desvenados
- ½ taza de caldo de pollo
- 2 cucharadas de arroz Konjac chino o arroz de coliflor, vino o jerez seco
- 2 cucharaditas de salsa de soja
- 2½ – 3 cucharadas de aceite para sofreír
- 2 rodajas de jengibre, picado
- ¼ de cucharadita de pasta de chile
- ½ taza de maní

a) Lave los camarones y séquelos con toallas de papel. Combine el caldo de pollo, el vino de arroz Konjac y la salsa de soja, y reserve.
b) Agregue 1½ cucharada de aceite a un wok o sartén precalentado. Cuando el aceite esté caliente, agregue los camarones. Sofreír muy brevemente, solo hasta que cambien de color. Retirar y reservar.
c) Agrega 1 cucharada de aceite al wok. Cuando el aceite esté caliente, agregue el jengibre y la pasta de chile. Sofreír brevemente hasta que esté aromático. Agrega los cacahuetes. Sofreír durante aproximadamente 1 minuto hasta que se doren pero no se quemen.
d) Empuja los cacahuetes hacia el costado del wok. Agregue la salsa al medio del wok y deje hervir. Agrega los camarones nuevamente al wok. Mezclar todo y servir caliente.

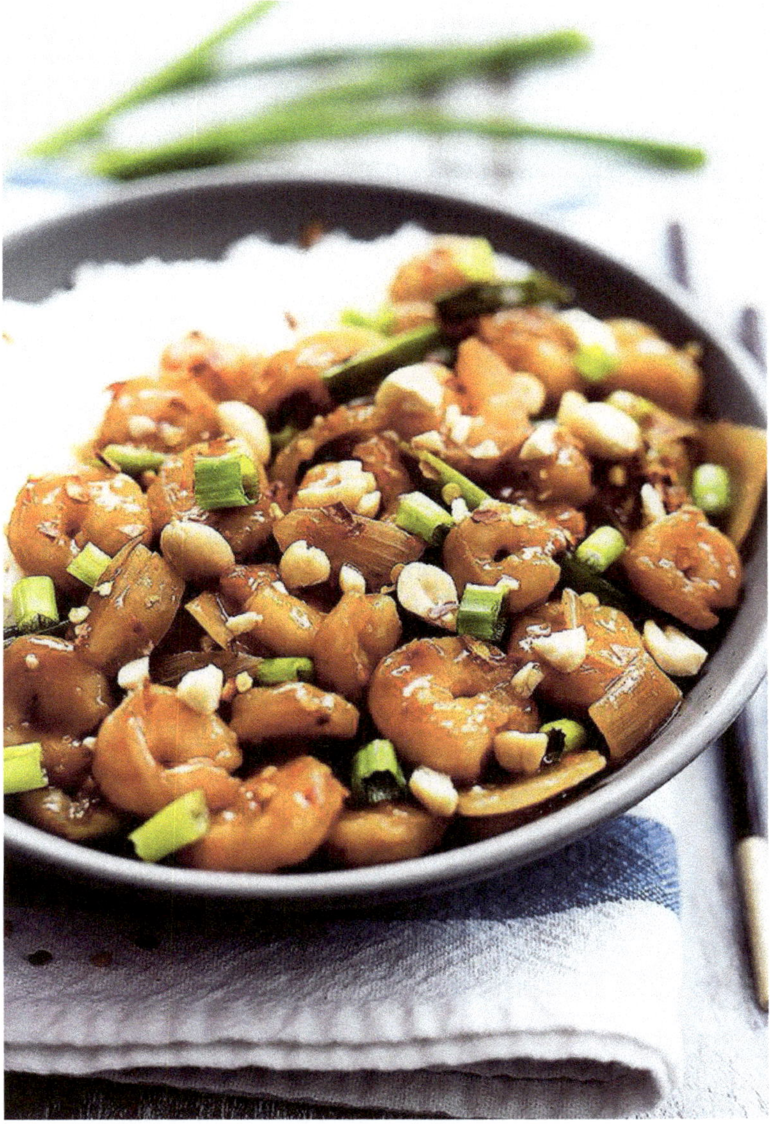

o) **Pasta de camarones**

- ½ libra (8 onzas) de camarones, pelados y desvenados
- 1 cucharada más 1 cucharadita de manteca vegetal
- ½ cucharadita de jengibre rallado
- 2 cucharaditas de cebolla verde picada
- 2 cucharaditas de castaña de agua finamente picada
- ½ cucharadita de vino de arroz chino o jerez seco
- ⅛ cucharadita de sal
- Pimienta al gusto
- 1 huevo mediano
- 1 cucharada más 1 cucharadita de maicena

a) Enjuague los camarones en agua tibia y séquelos con toallas de papel. Tritura los camarones y la manteca vegetal en un procesador de alimentos o licuadora. Agregue el jengibre, la cebolla verde, la castaña de agua, el vino de arroz Konjac, la sal y la pimienta. Puré.

b) Batir ligeramente el huevo. Incorpora la mezcla de camarones y verduras. Agregue la maicena, mezcle con las manos. La pasta de camarones ya está lista.

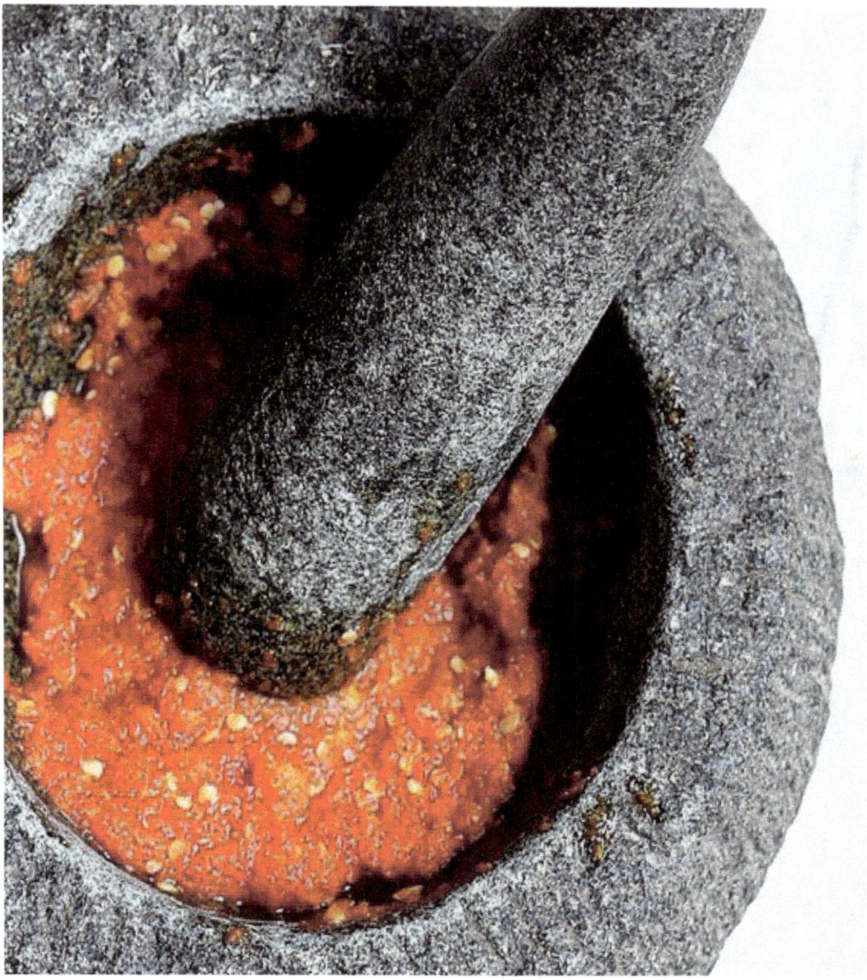

p) Tostada rápida de camarones keto

- 7 onzas de camarones
- ½ cucharadita de jengibre rallado
- 2 cucharaditas de cebolla verde finamente picada
- 2 cucharaditas de castaña de agua finamente picada
- ½ cucharadita de vino de arroz chino o jerez seco
- ⅛ cucharadita de sal
- Pimienta al gusto
- 1 huevo
- 1 cucharadita de maicena
- 8 rebanadas de pan
- ¼ de taza de agua
- 4-6 tazas de aceite para freír

1. Retirar las cáscaras de los camarones y desvenar. Pica los camarones hasta obtener una pasta fina.
2. Mezcle el jengibre, la cebolla verde, la castaña de agua, el vino de arroz Konjac, la sal, la pimienta, el huevo y la maicena.
3. Agregue el aceite a un wok precalentado y caliente a por lo menos 350 ° F. Mientras se calienta el aceite, parta cada rebanada de pan en 4 cuadrados iguales. Sumerja brevemente en el agua, retire y use los dedos para exprimir el exceso de agua.
4. Extienda una cucharadita colmada de la mezcla de camarones en cada cuadrado de pan. Cuando el aceite esté caliente, deslice algunos cuadrados en el aceite caliente. Freír un lado hasta que se dore (aproximadamente 1 minuto), luego dar la vuelta y dorar el otro lado. Retirar del wok con una espumadera y

escurrir sobre toallas de papel. Continúe con el resto de los cuadrados de pan.

q) Tostada de camarones fritos crujientes

- ¾ taza de harina
- 1 cucharadita de levadura en polvo
- ¼ de cucharadita de sal
- 2 cucharadas de aceite vegetal
- ¾ taza de agua
- 6 rebanadas de pan blanco, sin corteza
- Pasta de camarones (página 216)
- 4-6 tazas de aceite para freír

a) Tamizar la harina y la levadura en polvo. Agregue la sal y el aceite vegetal. Revuelva lentamente en el agua, agregando más o menos según sea necesario para hacer una masa.

b) Agregue aceite a un wok precalentado y caliente a 360 ° F. Mientras se calienta el aceite, corte cada rebanada de pan en 4 triángulos. Unte ½ cucharadita de pasta de camarones en cada lado del triángulo.

c) Cuando esté listo para cocinar, use sus dedos para cubrir el pan con la masa. Con cuidado, agregue el pan al wok, algunas rebanadas a la vez. Cocine por un lado durante 2 minutos, luego dé la vuelta y cocine por el otro lado durante 2 minutos o hasta que la masa se haya dorado. Retirar y escurrir sobre toallas de papel.

RECETAS CHINAS DE POLLO

r) **Pato asado cantonés**

- 1 pato, alrededor de 5 libras, fresco o congelado
- 1 cucharada de sal
- 1 cebolleta
- 3 rodajas de jengibre fresco
  Vidriar:
- 1 cucharada de sirope de maíz ligero 2 cucharadas de agua
- 1 cucharada de salsa de soja
- Algunas ramitas de cilantro fresco, para decorar

a) Descongele el pato, si está congelado. Retire cualquier exceso de grasa, enjuague y seque con toallas de papel. Frote toda la superficie del pato, por dentro y por fuera, con la sal. Cubra y refrigere durante varias horas o durante la noche.

b) Ponga la cebolleta en la cavidad y coloque las rodajas de jengibre encima del pato. Agregue al menos 2 pulgadas de agua a una fuente grande para asar a prueba de fuego con tapa y coloque la sartén en la estufa. Coloque una rejilla grande en la fuente para asar y hierva el agua. Elija una cazuela ovalada lo suficientemente grande como para contener el pato y lo suficientemente pequeña como para caber en la fuente para asar.

c) Coloque el pato en la cazuela y luego coloque la cazuela en la rejilla. Cubra y cocine al vapor durante 1 hora, controlando el nivel de agua de vez en cuando y agregando más agua hirviendo si es necesario. Guarde el caldo de pato para usarlo en sopas o platos salteados. Cuando esté listo, retire el pato de la cazuela y colóquelo en una rejilla para que se seque.

d) Combine los ingredientes para el glaseado en una cacerola pequeña y deje hervir. Con una brocha de repostería, pinte el esmalte caliente sobre la superficie del pato. Deje que el pato se seque durante 1 hora.
e) Precaliente el horno a 375F. Ase el pato con la pechuga hacia abajo durante 20 minutos. Revuelva y continúe asando durante 40 minutos más.
f) Transfiera el pato a una tabla para picar y déjelo enfriar un poco. Con una cuchilla, separe y corte el pato a través del hueso en trozos del tamaño de un bocado. Colocar las piezas en una fuente, decorar con cilantro y servir.

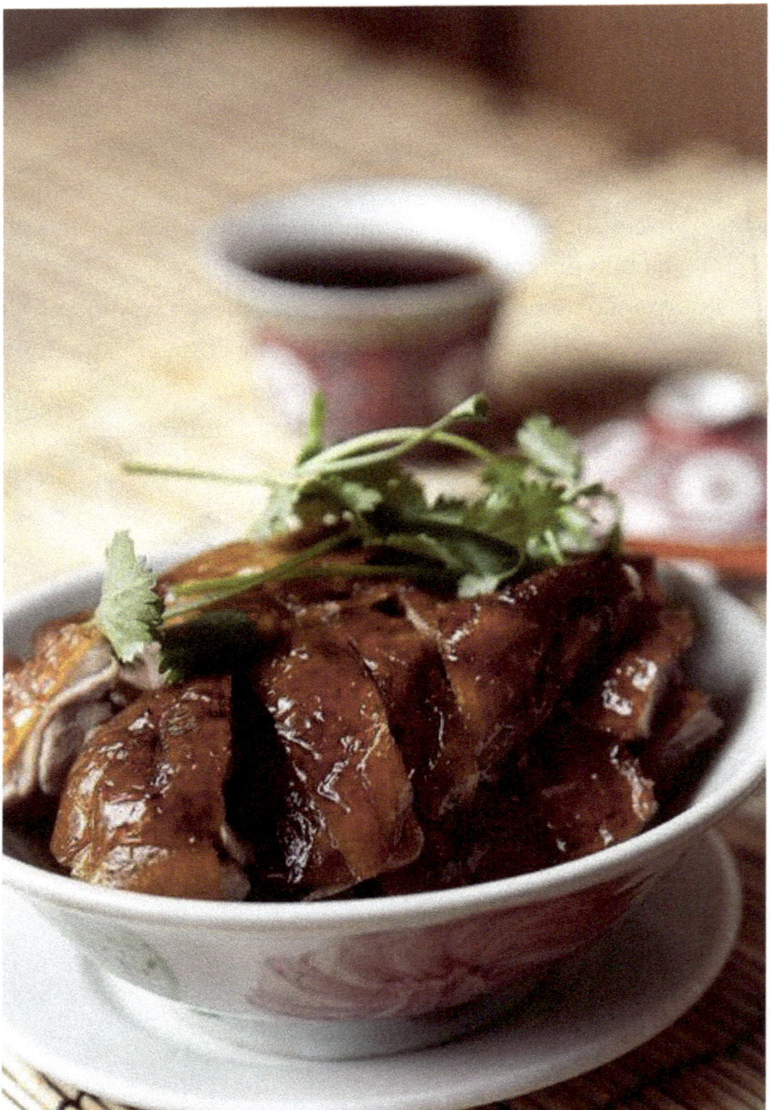

s) Pollo de nueces

- Pechugas de pollo, deshuesadas y sin piel 1/2 libra de vainas de guisantes chinos
- 1/2 libra de champiñones 4 cebollas verdes
- 2 tazas de brotes de bambú, escurridos 1 taza de caldo de pollo
- 1/4 taza de salsa de soja
- 2 cucharadas de almidón de maíz
- 1/2 cucharadita de sal
- 4 cucharadas de aceite de ensalada
- 1 paquete de anacardos (aproximadamente 4 oz)

a) Corte las pechugas horizontalmente en rodajas muy finas y córtelas en cuadrados de una pulgada. Colocar en bandeja. Prepare las verduras, quitando los extremos y los hilos de las vainas de los guisantes, cortando los champiñones, la parte verde de la cebolla y los brotes de bambú. Agregar a la bandeja.

b) Mezcle la salsa de soja, la maicena y la sal. Caliente 1 cucharada de aceite en una sartén a fuego moderado, agregue todas las nueces y cocine 1 min agitando la sartén,

c) tostar las nueces ligeramente. Retirar y reservar. Vierta el aceite restante en la sartén, fría

d) pollo rápidamente, volteándolo con frecuencia hasta que se vea opaco. Baja el fuego a bajo. Agregue las vainas de guisantes, los champiñones y el caldo. Tape y cocine lentamente durante 2 minutos. Retire la tapa, agregue la mezcla de salsa de soja, los brotes de bambú y cocine hasta que espese, revolviendo constantemente. Cocine a fuego lento sin tapar un poco más y agregue cebollas verdes y nueces y sirva inmediatamente.

t) **Olla de fuego chino**

- 1 libra de solomillo de res deshuesado o redondo de ternera 1 libra de pechugas de pollo deshuesadas
- 1 libra de filetes de pescado
- 1 libra de camarones medianos 1 libra de col china
- 1/2 libra de hongos del bosque frescos o hongos cultivados Jugo de limón
- 1 paquete de champiñones Enoki (paquetes de 3 1/2 oz) 3/4 lb de vainas de guisantes chinos
- 2 mil millones de cebollas verdes 2 mil millones de espinacas
- 8 oz de castañas de agua enlatadas, escurridas y cortadas en rodajas
- 8 onzas de brotes de bambú enlatados, escurridos y rebanados 4 cn de caldo de pollo (13 latas de 3/4 onzas)
- Salsa agridulce Salsa de soja
- Mostaza china caliente preparada
- 1/4 libra de fideos de huevo finos; cilantro o cebollino cocidos; picado (opcional)

a) No es necesario utilizar todos los ingredientes enumerados aquí siempre que ofrezca una mezcla interesante de carnes, pescados y verduras. Se pueden sustituir otras carnes y verduras, si lo desea.
b) Coloque la carne, el pollo y el pescado en el congelador y enfríe hasta que estén firmes al tacto pero no congelados. Corte la carne de res y el pollo en tiras de 1/4 de pulgada de grosor y aproximadamente 2 pulgadas de largo. Corte el pescado en cubos de 3/4 de pulgada. Pelar y desvenar camarones. Pica el repollo en trozos del tamaño de un

bocado. Champiñones limpios. Si usa hongos del bosque, retire y deseche los tallos. Cortar los champiñones en rodajas y espolvorear con jugo de limón. Corta y desecha la porción de la raíz de los hongos enoki y separa los racimos tanto como sea posible. Lave, recorte los extremos y ensarte las vainas de guisantes. Limpiar las cebollas verdes y cortarlas.

c) en mitades a lo largo, incluida la parte verde. Cortar en trozos de 2 pulgadas. Limpiar las espinacas y desechar los tallos gruesos. Para servir, coloque la carne de res, pollo, pescado, camarones, repollo, hongos del bosque, hongos enoki, guisantes, cebollas verdes, hojas de espinaca, castañas de agua y brotes de bambú en filas individuales en fuentes grandes o platos para servir. Pon a hervir el caldo. Coloque la unidad de calefacción debajo

d) Olla caliente china y vierta el caldo hirviendo en un recipiente para olla caliente. Usando un cucharón de alambre chino y palillos chinos o tenedores para fondue, cada persona coloca los ingredientes que desee en el caldo caliente para escalfar.

55

u) Pollo chow mein

- 12 onzas de fideos
- 8 onzas de pechugas de pollo deshuesadas y sin piel 3 cucharadas de salsa de soja
- 1 cucharada de vino de arroz o jerez seco 1 cucharada de aceite de sésamo oscuro
- 4 cucharadas de aceite vegetal
- 2 dientes de ajo finamente picados
- 2 onzas de guisantes, sin puntas 4 onzas de brotes de soja
- 2 onzas de jamón, finamente rallado 4 cebolletas, finamente picadas
- Sal y pimienta negra recién molida

- Cocina los fideos en una cacerola con agua hirviendo hasta que estén tiernos. Escurrir, enjuagar con agua fría y escurrir bien.
- Corta el pollo en tiras finas de 2 pulgadas. Colocar en un bol. Agrega 2 cucharaditas de salsa de soja, el vino de arroz o jerez y aceite de sésamo.
- Caliente la mitad del aceite vegetal en un wok o sartén grande a fuego alto. Cuando el aceite comience a humear, agregue la mezcla de pollo. Sofría durante unos 2 minutos, luego transfiera el pollo a un plato y manténgalo caliente.
- Limpia el wok y calienta el aceite restante. Agregue el ajo, los guisantes, los brotes de soja y el jamón, sofría durante un minuto más o menos y agregue los fideos.
- Continúe salteando hasta que los fideos estén bien calientes. Agregue el resto de la salsa de soja al gusto y sazone con sal y pimienta. Regrese el pollo y cualquier

jugo a la mezcla de fideos, agregue las cebolletas y revuelva la mezcla por última vez. Sirva de una vez.

v) **Pollo Keto De Piel Crujiente**

- 1 pollo (2 1/2 lb)
- 1 cucharada de vinagre
- 1 cucharada de salsa de soja
- 2 cucharadas de miel
- 1 cucharada de jerez
- 1 cucharadita de melaza (melaza)
- 2 cucharadas de harina para todo uso
- 1 cucharadita de sal
- aceite de maní para freír

a) Coloque el pollo en una cacerola grande y agregue agua hirviendo hasta que llegue a la mitad de los lados del pollo. Cubra bien y cocine a fuego lento hasta que estén tiernos, aproximadamente de 45 minutos a 1 hora. Escurrir, enjuagar con agua fría y secar con toallas de papel.
b) Mezcle el vinagre, la salsa de soja, la miel, el jerez y la melaza. Cepille esto por todo el pollo y luego cuélguelo en un lugar aireado para que se seque, durante unos 30 minutos. Cepille con la soja restante
c) mezcla de salsa nuevamente y cuélguela por 20-30 minutos más. Mezcle la harina y la sal y frote bien sobre la piel del pollo. Freír en aceite de maní bien caliente hasta que esté dorado y crujiente. Escurrir bien sobre papel absorbente.
d) Pica el pollo en 8 trozos y sírvelo caliente con las siguientes salsas:

Dip de canela:
- 1 cucharada de canela molida

- 1/2 cucharadita de jengibre molido
- 1/4 cucharadita de pimienta negra recién molida
- 1/4 cucharadita de sal

a) Mezclar, colocar en una cacerola pequeña y calentar hasta que esté muy caliente, revolviendo constantemente.

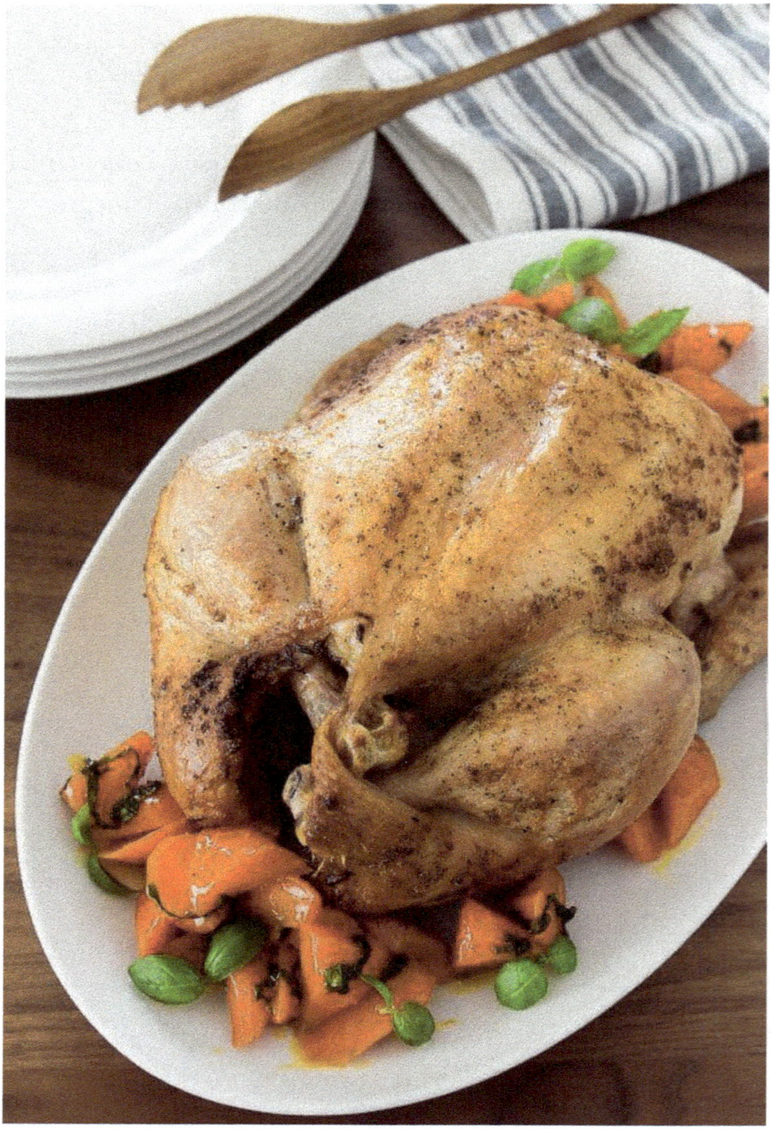

w) Alas de pollo emperatriz

- 1 1/2 libras de alitas de pollo 3 cucharadas de salsa de soja
- 1 cucharada de jerez seco
- cucharada de raíz de jengibre fresca picada 1 diente de ajo, picado
- cucharadas de aceite vegetal 1/3 taza de maicena
- 2/3 taza de agua
- 2 cebollas verdes y la parte superior, cortadas en rodajas finas 1 cucharadita de raíz de jengibre fresco en rodajas

- Separar las alitas de pollo; deseche las puntas (o guárdelas para almacenarlas). Combine la salsa de soja, el jerez, el jengibre picado y el ajo en un tazón grande; agregue el pollo.
- Cubra y refrigere por 1 hora, revolviendo ocasionalmente. Retire el pollo; reserva de la marinada.
- Caliente el aceite en una sartén grande a fuego medio. Cubra ligeramente los trozos de pollo con maicena; agregar a la sartén y dorar lentamente por todos lados.
- Retire el pollo; drenar la grasa. Revuelva el agua y la marinada reservada en la misma sartén.
- Agrega el pollo; espolvoree las cebollas verdes y el jengibre cortado uniformemente sobre el pollo. Tape y cocine a fuego lento durante 5 minutos o hasta que el pollo esté tierno.

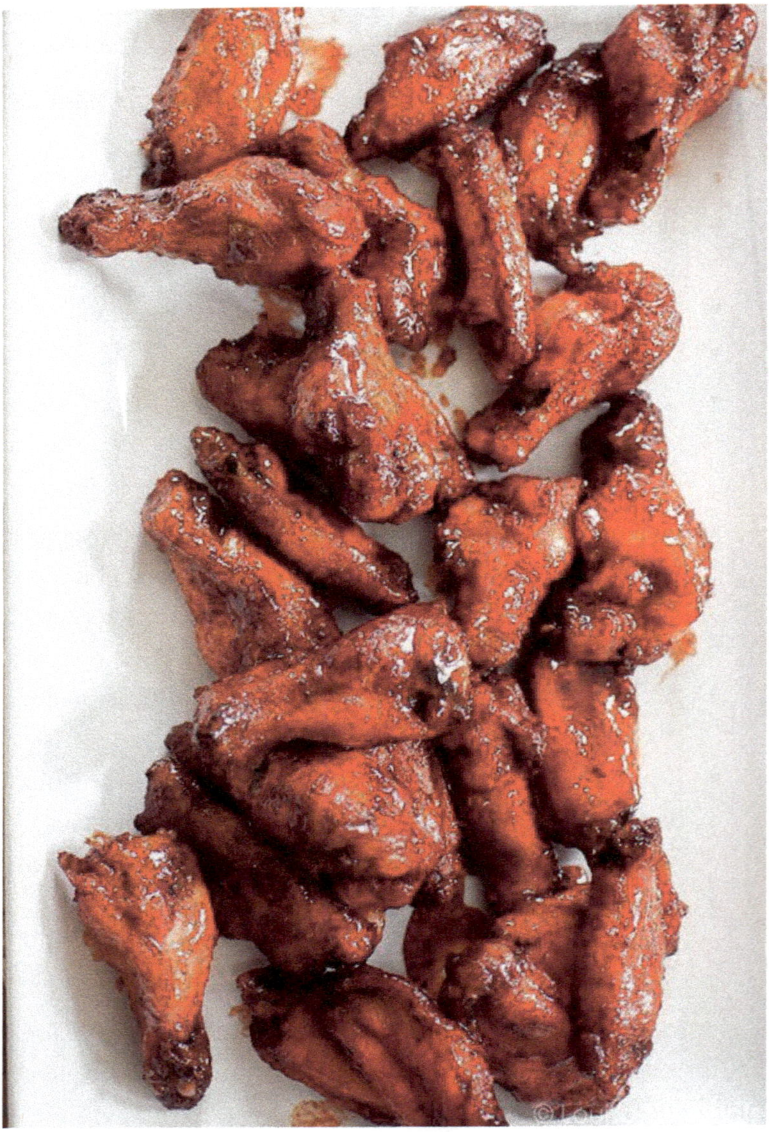

x) **Pollo del General Tsao (Keto)**

   Salsa:
- 1/2 taza de maicena 1/4 taza de agua
- 1 + 1/2 cucharadita de ajo picado
- 1 + 1/2 cucharadita de raíz de jengibre picada
- 1/2 taza de salsa de soja
- 1/4 taza de vinagre blanco
- 1/4 taza de vino para cocinar
- 1 + 1/2 taza de caldo de pollo caliente
- 1 cucharadita de glutamato monosódico (opcional) Carne:
- 2 libras de carne de pollo oscura deshuesada, cortada en trozos grandes 1/4 taza de salsa de soja
- 1 cucharadita de pimienta blanca 1 huevo
- 1 taza de maicena
- Aceite vegetal para freír 2 tazas de cebollas verdes en rodajas 16 pimientos picantes secos pequeños

a) Mezcle 1/2 taza de maicena con agua. Agregue ajo, jengibre, 1/2 taza de salsa de soja, vinagre, vino, caldo de pollo y MSG (si lo desea). Refrigere hasta que se necesite.
b) En un tazón aparte, mezcle el pollo, 1/4 taza de salsa de soja y pimienta blanca.
c) Agrega el huevo. Agregue 1 taza de maicena y mezcle hasta que los trozos de pollo estén cubiertos de manera uniforme. Agregue una taza de aceite vegetal para ayudar a separar los trozos de pollo. Divida el pollo en pequeñas cantidades y fríalo a 350 grados hasta que esté crujiente. Escurrir sobre toallas de papel.
d) Coloque una pequeña cantidad de aceite en el wok y caliente hasta que el wok esté caliente. Agregue las

cebollas y los pimientos y saltee brevemente. Revuelva la salsa y agregue al wok.

e) Coloque el pollo en la salsa y cocine hasta que la salsa espese.

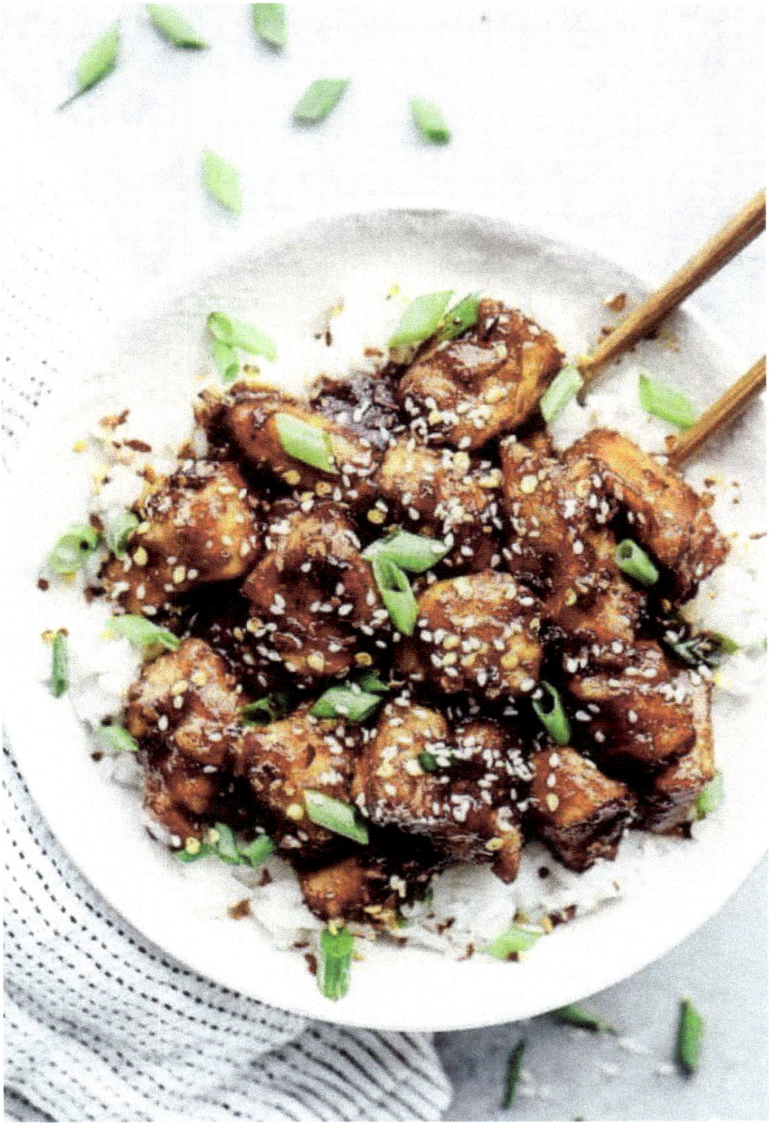

y) Alitas de pollo con jengibre

- 8 alitas de pollo
- cucharadas de salsa de soja 1 cucharada de miel
- 2 cucharadas de jugo de limón
- 2 cucharadas de jengibre fresco rallado 2 cucharadas de salsa de tomate
- 1 cucharada de aceite

a) Corta las alas en la articulación.
b) Mezcle los ingredientes restantes y marine el pollo en esta mezcla, cubierto en el refrigerador, durante 6-8 horas o durante la noche.
c) Ase durante unos 15 minutos o hasta que esté bien cocido, untando frecuentemente con la marinada y volteando dos veces.

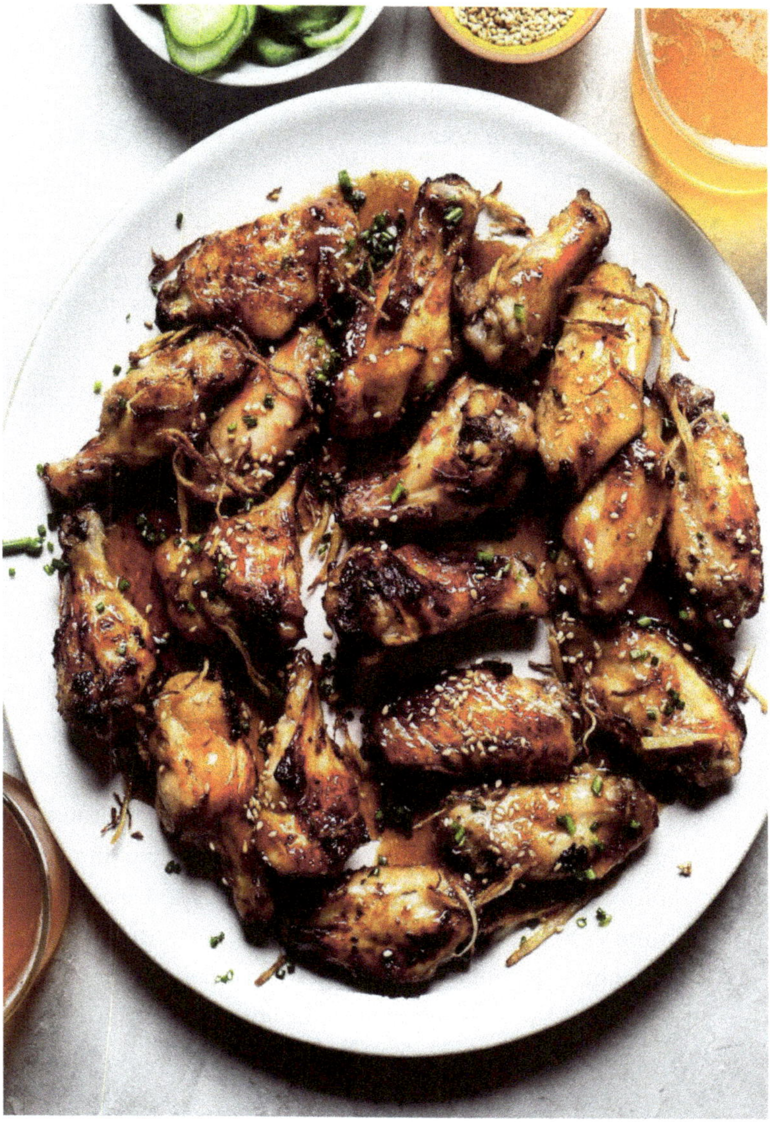

z) Keto Lo Mein

- 2 tazas de fideos chinos cocidos (o espaguetis muy finos) enjuagados y escurridos
- 12 onzas. carne cocida en cubitos (res, pollo, cerdo ... cualquiera)
- 1 paquete de frijoles de soja negros estilo francés congelados, descongelados
- 2 tazas de brotes de soja frescos 3 cebolletas, picadas
- 1 rodaja de jengibre, rallado
- 1 diente de ajo picado 1 tés. MSG (acento) 1 tés.
- 1/4 taza de salsa de soja
- 3/4 taza de aceite vegetal
- 1/4 de tés. aceite de sésamo
- 2 cucharadas. Jerez

a) Mezcle el glutamato monosódico y la salsa de soja. Dejar de lado.
b) Caliente el wok o sartén caliente y seco. Agrega solo 3 cucharadas de aceite vegetal y todo el aceite de sésamo. Ponga el jengibre y el ajo para que se doren primero, luego todas las demás verduras. Revuelva y cocine por un minuto a fuego alto. Agrega el jerez. Tape y cocine un minuto más. Apaga el fuego. Retire las verduras y escurra; deseche estos jugos. Aparte las verduras escurridas
c) Caliente el wok o seque nuevamente en una sartén. Ponga el resto del aceite. Enciende el fuego a medio. Agregue los fideos cocidos y revuelva constantemente para calentar y cubrir los fideos con aceite durante un par de minutos. Agregue su elección de carne y verduras reservadas; mezclar bien. Agregue la mezcla de salsa de soja reservada

y revuelva hasta que los fideos adquieran un color uniforme. Atender.

aa) Rumaki

- 1 libra de hígados de pollo
- 8 oz. Castañas de agua; Escurridas 12 tiras de tocino cada una
- 1/4 taza de salsa de soja
- 1/2 cucharadita de jengibre; En polvo
- 1/2 cucharadita de polvo chino de 5 especias o 1/2 cucharadita de curry en polvo

a) Corta los hígados de pollo por la mitad o en trozos grandes. Corta las nueces de pecho más grandes por la mitad. Corta las tiras de tocino por la mitad, transversalmente.
b) Envuelva un trozo de tocino alrededor de trozos de hígado y castañas, asegurando los extremos con un palillo. Colóquelos en un plato para pastel poco profundo mientras los prepara.
c) Combine la salsa de soja con las especias y vierta sobre el rumaki; refrigere aproximadamente 1/2 hora antes de servir. Precaliente la parrilla o asador y ase el rumaki hasta que el tocino esté crujiente, aproximadamente 20 minutos, dorando por todos lados.
d) Servir caliente.

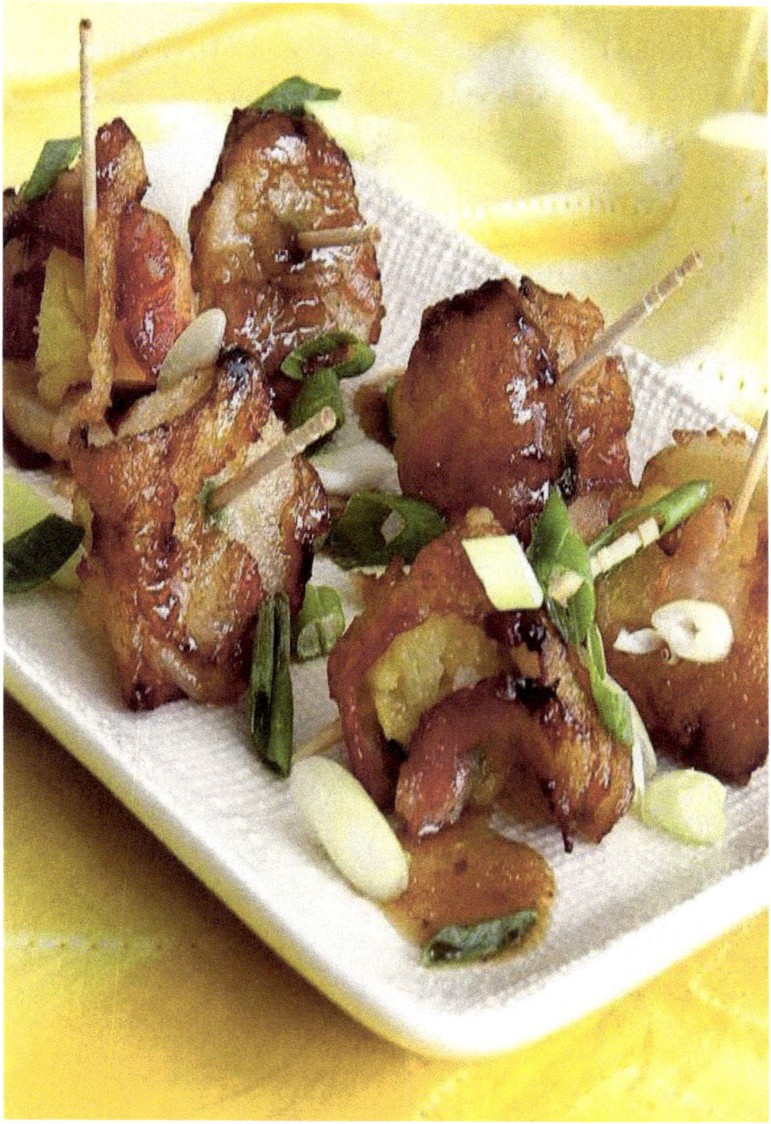

bb) Pollo Sichuan

- 1 libra de pechuga de pollo deshuesada, en cubos
- 4-6 zanahorias, cortadas en trozos de 1/4 "
- 1 lata de brotes de bambú
- 12-15 pimientos picantes secos de aceite de cocina
Salsa:
- 6 cucharadas salsa de soja
- 2-3 cucharadas maicena
- 2-3 cucharadas jengibre seco en polvo 3 cdas. Jerez

a) Mezclar los ingredientes de la salsa en un bol.
b) Coloque los pimientos y 1 cucharada. de aceite de cocina en un wok. Dorar los pimientos a fuego medio-alto y ponerlos en un plato. Agregue el pollo en cubos y cocine hasta que desaparezca el color rosado (2-5 min).
c) Saca el pollo del wok. Agrega 1 cucharada. de aceite al wok y añadir las zanahorias. Sofreír hasta que las zanahorias comiencen a ablandarse. Agrega los brotes de bambú y sofríe 1-2 minutos.
d) Agrega los pimientos, el pollo y la salsa al wok. Revuelva a fuego medio hasta que la salsa espese.

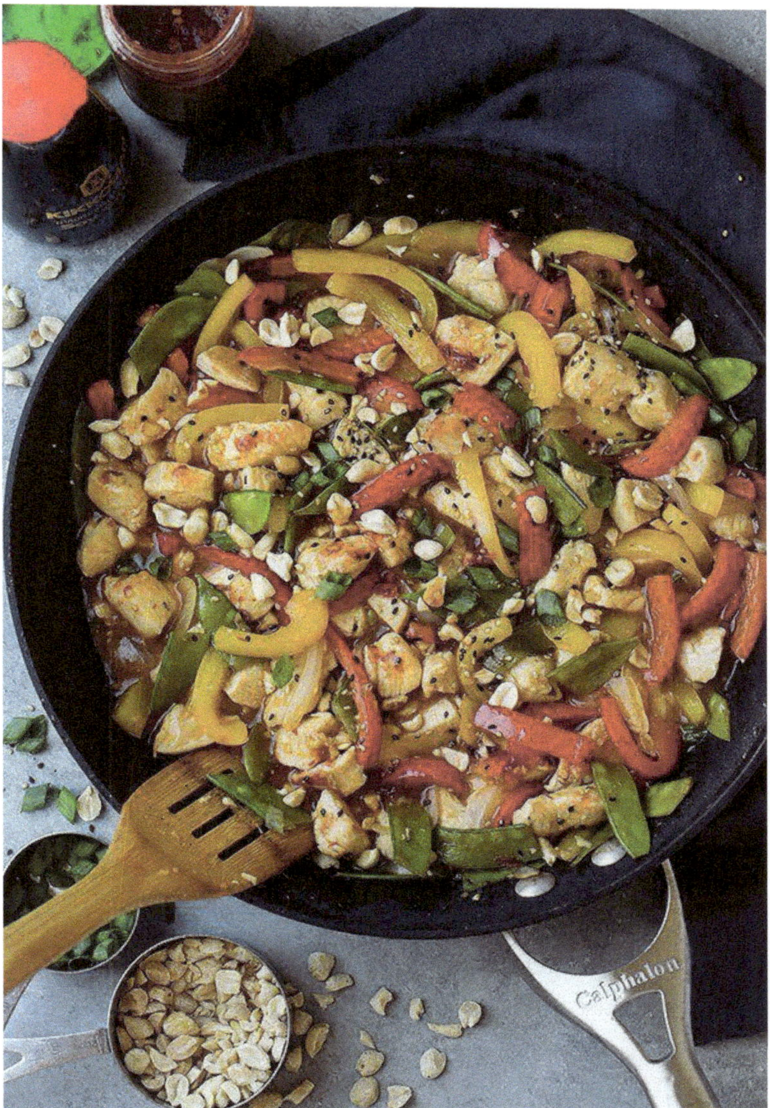
Calphalon

cc) Pollo Keto Kung Pao

Ingredientes
Para la salsa:
- 2 cucharadas de aminoácidos de coco o salsa de soja baja en sodio
- 1 cucharadita de salsa de pescado
- 2 cucharaditas de aceite de sésamo
- 1 cucharadita de vinagre de sidra de manzana
- 1/4 - 1/2 cucharadita de hojuelas de chile rojo al gusto
- 1/2 cucharadita de jengibre fresco picado
- 2 dientes de ajo picados
- 2-3 cucharadas de agua o caldo de pollo
- 1-2 cucharaditas de fruta de monje o eritritol, ajustar al nivel de dulzura deseado

Para el sofrito:
- 3/4 lb de muslos de pollo cortados en trozos de 1 pulgada
- Sal rosa del Himalaya y pimienta negra según sea necesario
- 3-4 cucharadas de aceite de oliva o aceite de aguacate
- 1 pimiento rojo picado en trozos pequeños
- 1 calabacín mediano-grande cortado en mitades
- 2-3 pimientos rojos secos
- 2/3 taza de anacardos tostados o cacahuetes tostados
- 1/4 de cucharadita de goma xanthum opcional para espesar la salsa
- Semillas de sésamo y cebollas verdes picadas para decorar (opcional)

a) En un tazón mediano, combine todos los ingredientes para la salsa. Dejar de lado. Sazone el pollo con sal, pimienta y 1 cucharada de salsa / adobo.
b) Agregue aceite a un wok o una sartén antiadherente grande a fuego medio-alto. Agregue el pollo y cocine por 5-6 minutos, o hasta que el pollo comience a dorarse y esté casi cocido.
c) Agregue el calabacín, los pimientos morrones y los chiles secos (si los usa) y cocine durante 2-3 minutos, o hasta que las verduras estén tiernas y crujientes y el pollo esté bien cocido.
d) Vierta la salsa restante y agregue los anacardos. Mezcle todo y encienda el fuego a alto.
e) Deje que la salsa se reduzca y espese. Sazone con sal, pimienta o hojuelas de chile rojo adicionales según sea necesario. Puede agregar un poco de 1/4 de cucharadita de goma xantana para espesar aún más la salsa, si lo desea.

dd) Pollo envuelto en papel keto

- 2 pechugas de pollo grandes, deshuesadas y sin piel, de 6 a 8 onzas cada una

- 4 hongos secos chinos grandes
- 1½ cebollas verdes
- 2 cucharadas de salsa de ostras
- 2 cucharadas de salsa de soja
- 1 rodaja de jengibre, rallado
- 1 cucharadita de aceite de sésamo
- 1 cucharada de vino de arroz chino o jerez seco
- Sal y pimienta para probar
- 24 cuadrados de papel de aluminio de 6 pulgadas

a) Lave el pollo y séquelo. Corta el pollo en rodajas finas de aproximadamente 2½ pulgadas de largo. Desea tener 48 tiras o 2 tiras para cada paquete. (Con una pechuga más grande, es posible que tenga más pollo del que necesita, por lo que puede hacer más paquetes).

b) Remoja los champiñones secos en agua caliente durante 20 minutos o hasta que se ablanden. Apriete suavemente para eliminar el exceso de agua y córtelo en 24 rodajas finas, o 6 rodajas por hongo. Corta finamente las cebollas verdes en diagonal, de modo que tengas 48 piezas, o 2 rebanadas por paquete.

c) En un tazón pequeño, combine la salsa de ostras, la salsa de soja, el jengibre rallado, el aceite de sésamo, el vino de arroz chino Konjac, la sal y la pimienta y las cebollas verdes. Agrega al pollo y deja marinar por 45 minutos. Agrega los champiñones y deja marinar por otros 15 minutos.

d) Precaliente el horno a 350 ° F.

e) Para envolver el pollo, coloque un cuadrado de papel de aluminio de modo que la esquina inferior apunte hacia usted. Coloque 2 rodajas de pollo, 1 rodaja de champiñones y 2 rodajas de cebolla verde en el medio.

Coloca la esquina inferior sobre el pollo. Ruede esta esquina una vez. Doble la esquina derecha hacia el medio y luego la esquina izquierda, de modo que una se superponga a la otra. Meta el triángulo de la parte superior en la solapa.

f) Coloque los paquetes envueltos en una bandeja para hornear y hornee a 350 ° F durante 15 minutos. Dejar que se enfríe antes de servir.

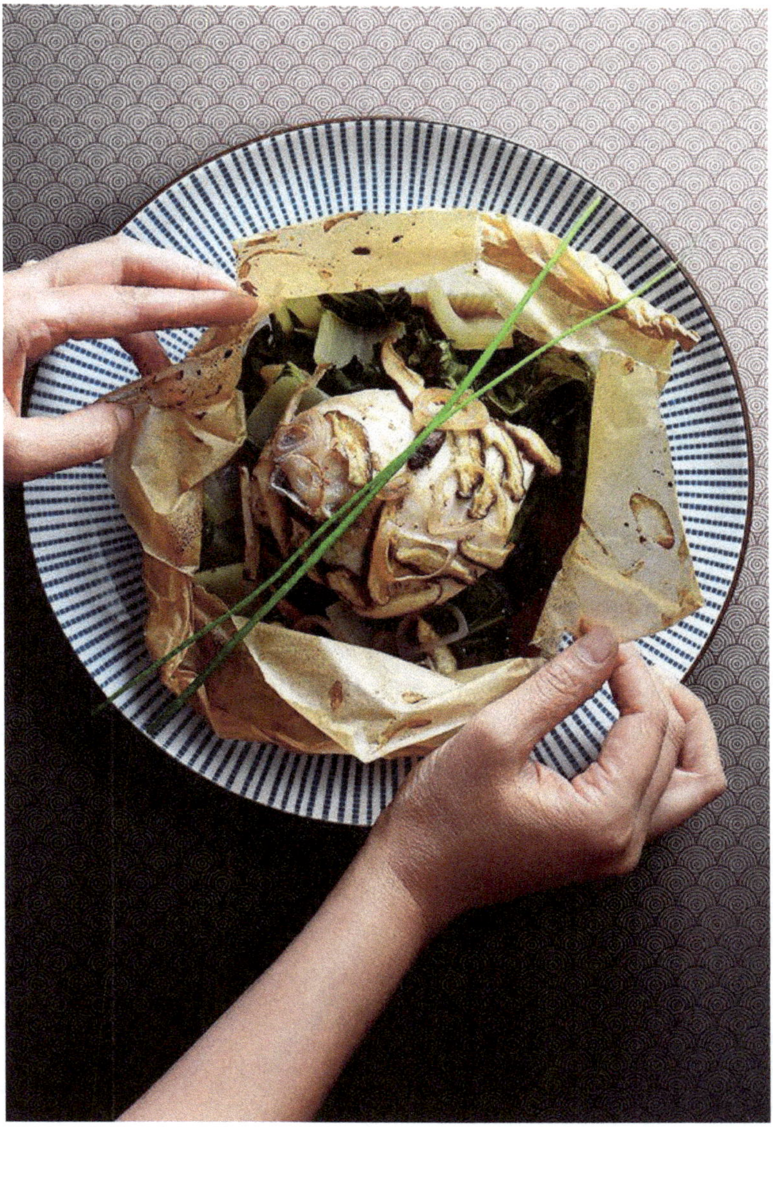

ee) Moo Goo Gai Pan

- 2 mitades de pechuga de pollo, sin piel, deshuesadas y en rodajas sal y pimienta
- 3 dientes de ajo picados 2 tazas de agua
- 1 cucharada de maicena 5 cucharadas de aceite de maíz
- 8 oz. champiñones frescos, en rodajas
- lb. de bok choy o col blanca china, picada
- 4 cucharadas de salsa de soja
- cebolletas picadas

a) En un tazón, mezcle el pollo con la mezcla de sal y pimienta, ajo y maicena. Dejar de lado.
b) Caliente 3 cucharadas de aceite de maíz en un wok y agregue los champiñones, bok choy / repollo durante 2 minutos. Tape y cocine por 5 minutos. Retirar del wok.
c) Caliente el aceite de maíz restante en un wok. Sofría el pollo durante 2 minutos a fuego alto. Agregue la salsa de soja y mezcle bien. Tape y cocine durante unos 6 minutos, o hasta que el pollo esté bien cocido.
d) Mezcle las verduras cocidas y las cebolletas. Sofreír juntos durante aproximadamente 1 minuto. Sirva caliente con arroz Konjac o arroz de coliflor.

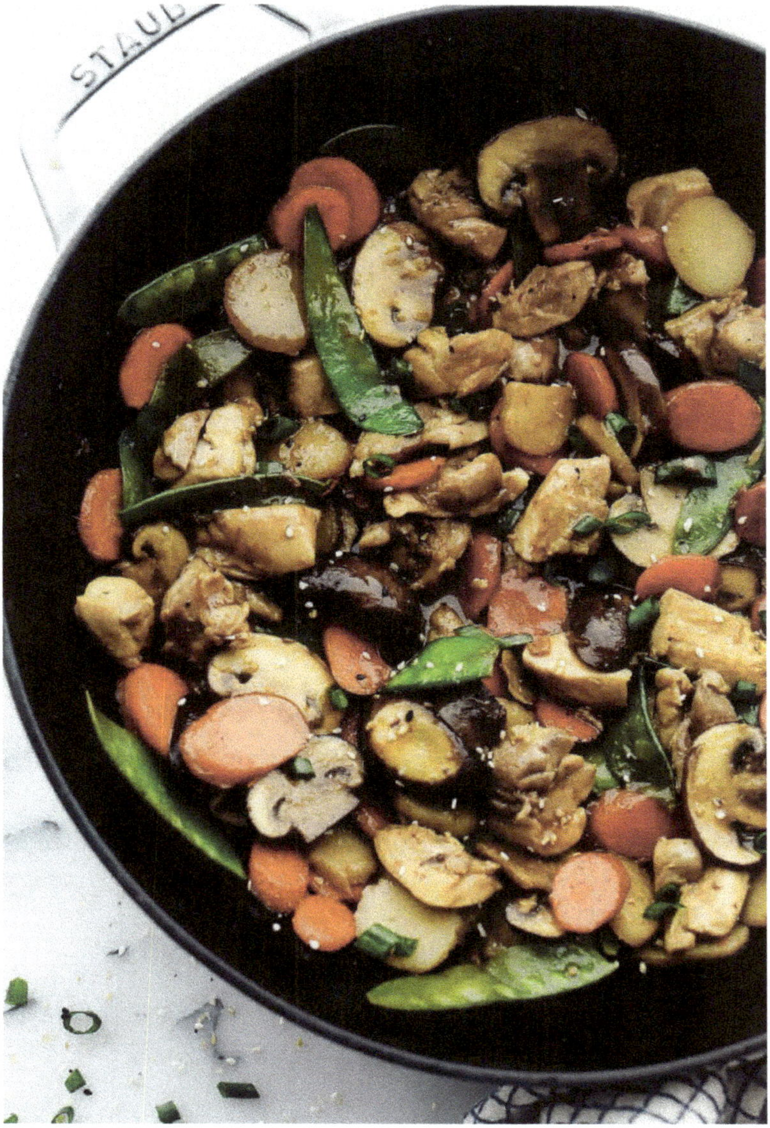

ff) Pollo Keto Mu Shu

- 3/4 de libra de pechuga de pollo deshuesada y sin piel 20 yemas de lirio tigre
- cucharadas de orejas de árbol
  Escabeche:
- 1 cucharadita de maicena
- 1 cucharada de agua
- 1 cucharada de salsa de soja
- 6 cucharadas de aceite de maíz
- 3 huevos extra grandes, bien batidos 3 cebolletas, ralladas
- Taza de col verde rallada 1 cucharadita de sal
- 1 aceite de sésamo oriental 20 panqueques de mandarina, calentados

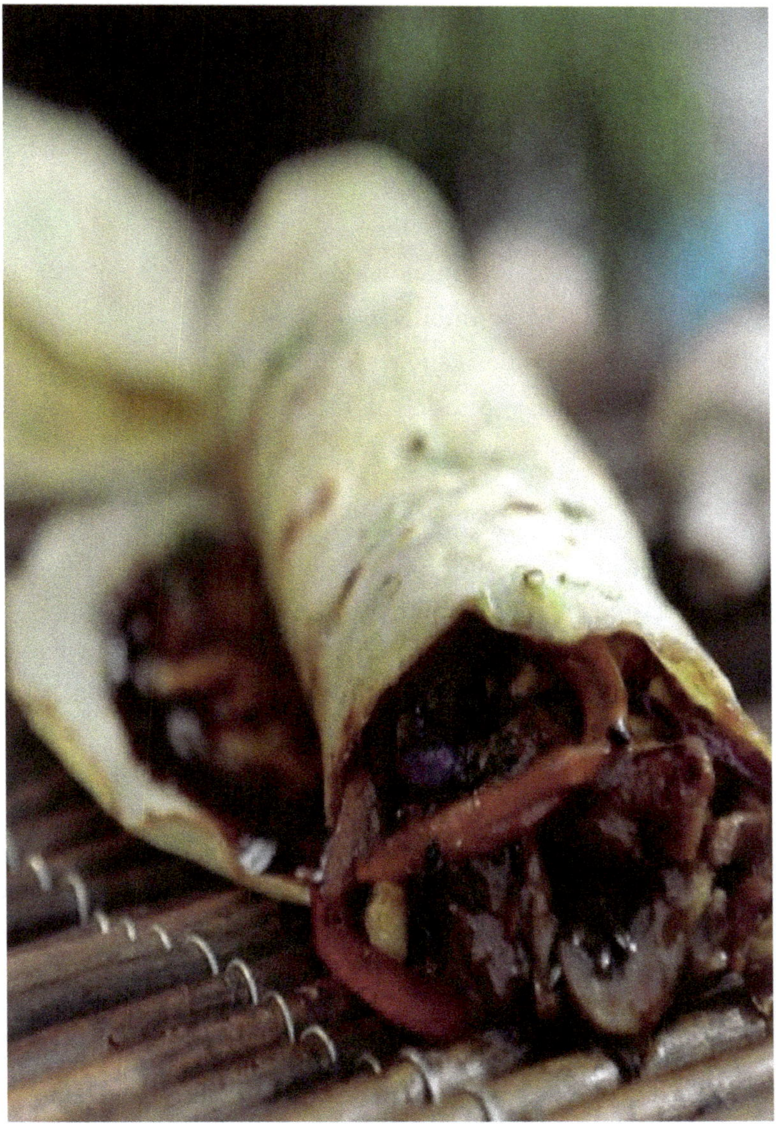

gg) Moo Goo Gai Pan

- 2 pechugas de pollo grandes, deshuesadas y sin piel
- 4 cucharadas de salsa de ostras, divididas
- 2 cucharaditas de maicena, dividida
- ½ taza de caldo de pollo o caldo
- ⅛ cucharadita de pimienta blanca
- ½ taza de champiñones frescos
- 4 cucharadas de aceite para sofreír
- 1 diente de ajo picado
- ½ lata de 8 onzas de brotes de bambú, enjuagados

a) Lavar el pollo y cortarlo en rodajas finas. Mezcle 2 cucharadas de salsa de ostras y 1 cucharadita de maicena. Marine el pollo durante 30 minutos.
b) Mezcle el caldo de pollo, la pimienta blanca, 2 cucharadas de salsa de ostras y 1 cucharadita de maicena. Dejar de lado. Limpiar los champiñones con un paño húmedo y cortar en rodajas finas.
c) Agregue 2 cucharadas de aceite a un wok o sartén precalentado. Cuando el aceite esté caliente, agregue el ajo y saltee brevemente hasta que esté aromático. Agregue el pollo y saltee hasta que cambie de color y esté casi cocido. Retirar el pollo del wok y reservar.
d) Limpia el wok y agrega 2 cucharadas más de aceite. Cuando el aceite esté caliente, agregue los champiñones y saltee durante aproximadamente 1 minuto. Agrega los brotes de bambú.
e) Revuelve rápidamente la salsa. Haga un hueco en el medio del wok empujando las verduras hacia los lados.

Agregue la salsa en el medio, revolviendo vigorosamente para espesar. Agregue el pollo y mezcle.

hh) Princesa Pollo

- 1 libra de carne de pollo ligera
- 6 cucharadas de salsa de soja, divididas
- 4 cucharaditas de vino de arroz chino o jerez seco, cantidad dividida
- 1 cucharada de maicena
- ¼ de cucharadita de aceite de sésamo
- 6 chiles rojos secos
- 3 cucharadas de aceite para sofreír
- 1 diente de ajo grande, picado
- 1 cucharadita de jengibre picado
- 2 cebollas verdes, en rodajas finas

Corta el pollo en cubos. Mezcle 2 cucharadas de salsa de soja, 3 cucharaditas de vino de arroz Konjac y la maicena, agregando la maicena al final. Marine el pollo durante 30 minutos.

Combine las 4 cucharadas de salsa de soja, 1 cucharadita de vino de arroz Konjac y el aceite de sésamo, y reserve. Corta los chiles rojos por la mitad y quita las semillas. Picar y reservar.

Agregue 2 cucharadas de aceite a un wok o sartén precalentado. Cuando el aceite esté caliente, agregue los cubos de pollo y saltee hasta que estén casi cocidos. Retirar del wok y escurrir sobre toallas de papel.

Agrega 1 cucharada de aceite al wok. Cuando el aceite esté caliente, agregue el ajo, el jengibre y las cebolletas. Sofreír brevemente hasta que esté aromático. Agrega los chiles y cocina por 1 minuto. Agrega la salsa en el medio del wok y deja que hierva. Agregue el pollo y mezcle.

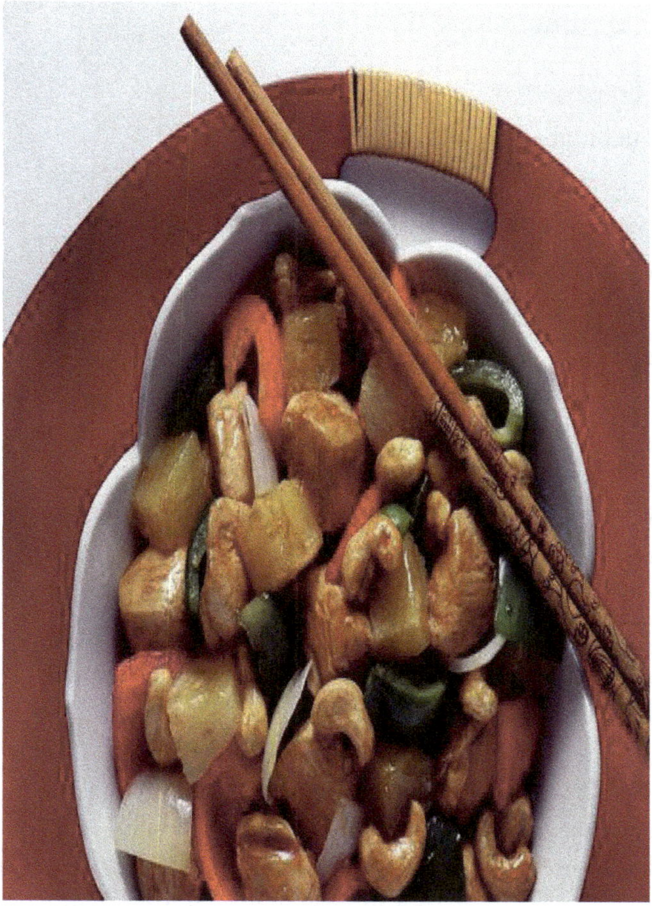

ii) Pollo Ahumado Al Té

- Pollo para freír de 3 libras
- 2 cucharadas de salsa de soja oscura
- 1½ cucharaditas de vino de arroz chino o jerez seco
- ½ cebolla verde, picada
- 3 cucharadas de hojas de té negro
- ¼ de cucharadita de mezcla de sal y pimienta de Szechwan (página 20)
- ½ taza de arroz Konjac crudo o arroz de coliflor

Lave el pollo y séquelo. Mezcle la salsa de soja oscura, el vino de arroz Konjac y la cebolla verde. Frote el pollo y déjelo marinar durante 1 hora. Mezcle las hojas de té, la mezcla de sal y pimienta marrón de Szechwan y el arroz Konjac o el arroz de coliflor. Dejar de lado.

Prepare una vaporera de bambú y cocine el pollo al vapor durante unos 45 minutos, hasta que esté cocido.

Cubre el fondo del wok y el interior del wok con varias capas de papel de aluminio. Coloque las especias para fumar en el fondo del wok. Coloque una rejilla para pasteles dentro del wok y coloque el pollo en la rejilla. Sube el fuego. Cuando aparezca humo en algunos lugares (alrededor de 10 a 15 minutos), cubra el pollo con la tapa y ajuste el fuego para que la corriente de humo permanezca estable. Continúe ahumando hasta que el pollo adquiera un color marrón oscuro (unos 15 minutos).

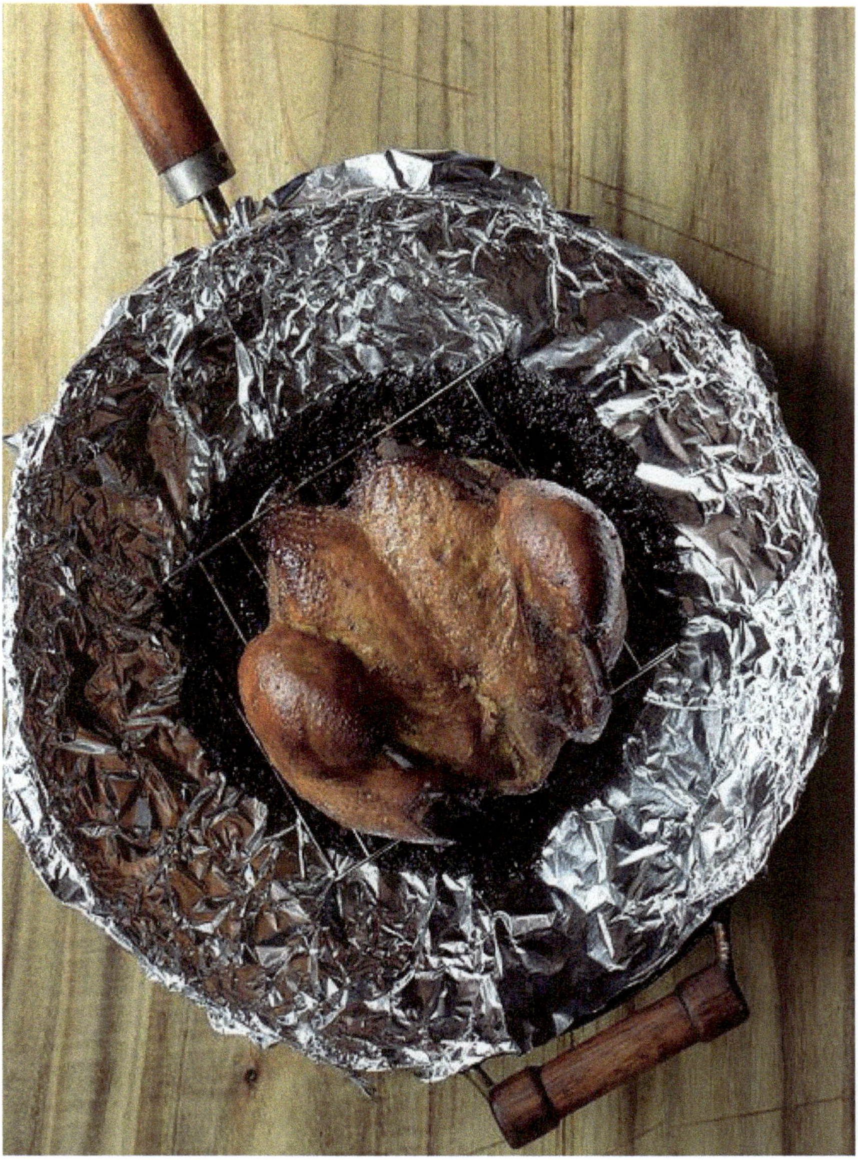

jj) Alitas De Pollo Con Salsa De Ostras

- 16 alitas de pollo
- ⅓ taza de salsa de soja
- 1 cucharada de salsa de soja oscura
- 3 cucharadas de salsa de ostras
- 1 cucharada de vino de arroz chino o jerez seco
- 2 cucharadas de agua
- 2 cucharaditas de aceite de sésamo
- 3 dientes de ajo picados

Enjuague las alitas de pollo y séquelas. Combine la salsa de soja, la salsa de soja oscura, la salsa de ostras, el vino de arroz Konjac, el agua y el aceite de sésamo. Coloque la salsa en una bolsa de plástico. Agregue el pollo, agitando la bolsa ligeramente para asegurarse de que la salsa cubra todo el pollo. Selle la bolsa y colóquela en el refrigerador. Deje marinar el pollo durante 2-3 horas, volteando la bolsa de vez en cuando.

Precalienta el horno a 350 ° F.

Saca las alitas de pollo de la bolsa, reservando la salsa. Coloque las alitas en una bandeja para hornear rociada con aceite en aerosol. Vierta la mitad de la salsa encima. Agrega el ajo picado. Hornea las alitas por 20 minutos. Agregue la mitad restante de la salsa y cocine por otros 15 minutos, o hasta que las alitas estén cocidas.

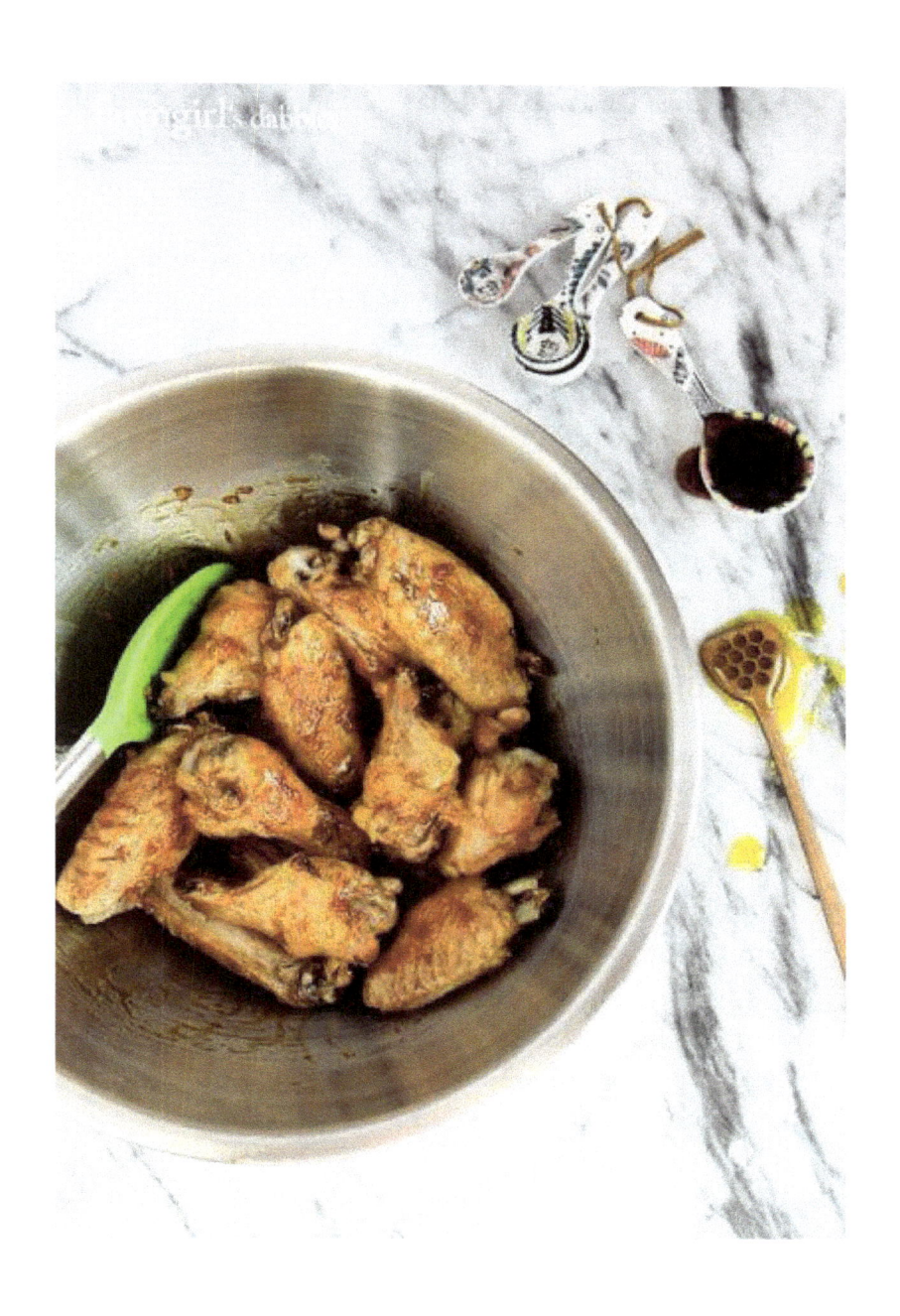

kk) Alitas De Pollo Rellenas

- 10 alitas de pollo
- 2 hongos secos chinos
- ½ lata de 8 onzas de brotes de bambú, escurridos
- ½ taza de carne de cerdo molida
- ½ cucharada de salsa de soja
- ½ cucharada de vino de arroz chino o jerez seco
- ¼ de cucharadita de aceite de sésamo
- Sal y pimienta para probar

a) Lave las alitas de pollo y séquelas. Corta la sección central y desecha el drummette. Tome un cuchillo de cocina y, comenzando por el extremo de la sección media que estaba unida al drummette, raspe con cuidado la carne de los 2 huesos en la sección central, teniendo cuidado de no cortar la piel. Cuando la carne esté raspada, jale y retire los 2 huesos de la sección media. Esto te dará una bolsa para rellenar.

b) Remoje los champiñones secos en agua caliente durante al menos 20 minutos para que se ablanden. Aprieta suavemente los champiñones para eliminar el exceso de agua. Cortar en rodajas finas. Juliana los brotes de bambú.

c) Coloque la carne de cerdo en un tazón mediano. Use sus manos para mezclar la salsa de soja, el vino de arroz Konjac, el aceite de sésamo y la sal y pimienta con la carne de cerdo.

d) Tome una pequeña bola de cerdo y colóquela dentro de la piel del pollo. Agregue 2 rodajas de bambú y 2 rodajas de champiñones en rodajas. Continúe con el resto de las alitas de pollo.

e) Cocine al vapor las alitas de pollo en un plato resistente al calor en una vaporera de bambú en el wok durante unos 20 minutos, o hasta que la carne de cerdo esté bien cocida.

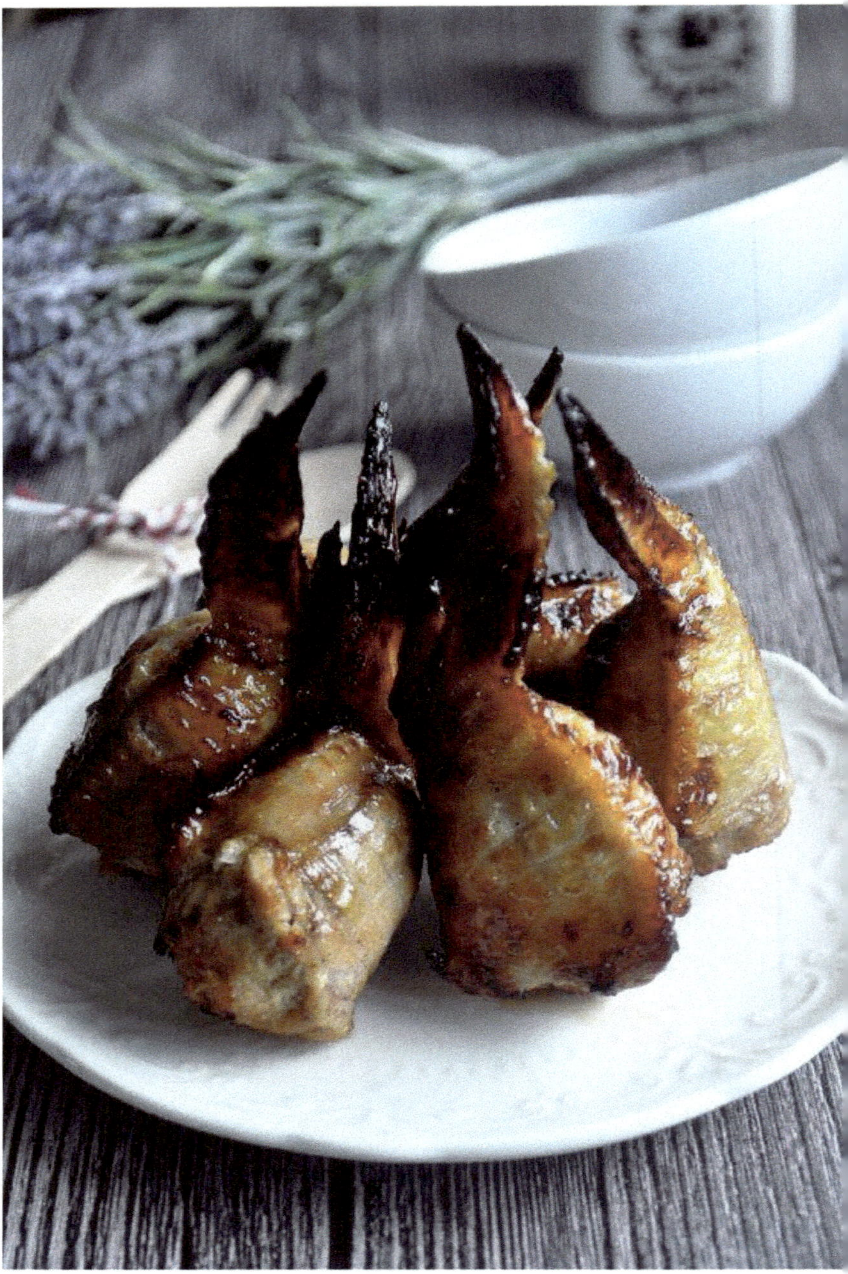

11) Alas keto borrachas

- 8-10 alitas de pollo
- ¼ de cucharadita de sal
- Pimienta al gusto
- 1 cebolla verde picada
- 2 rodajas de jengibre
- 6 tazas de vino blanco seco para cubrir

En una olla grande, hierva 8 tazas de agua. Mientras espera a que hierva el agua, corte las alitas de pollo por la mitad para que tenga un drummette y la sección media. Corta y desecha las puntas de las alas.

Cocina las alitas de pollo en agua hirviendo durante 5 minutos.

Agrega la sal, la pimienta, la cebolla verde y el jengibre. Tape y cocine a fuego lento el pollo durante 45 minutos. Fresco.

Coloque las alitas de pollo en un recipiente sellado y cúbralas con el vino. Refrigere durante al menos 12 horas antes

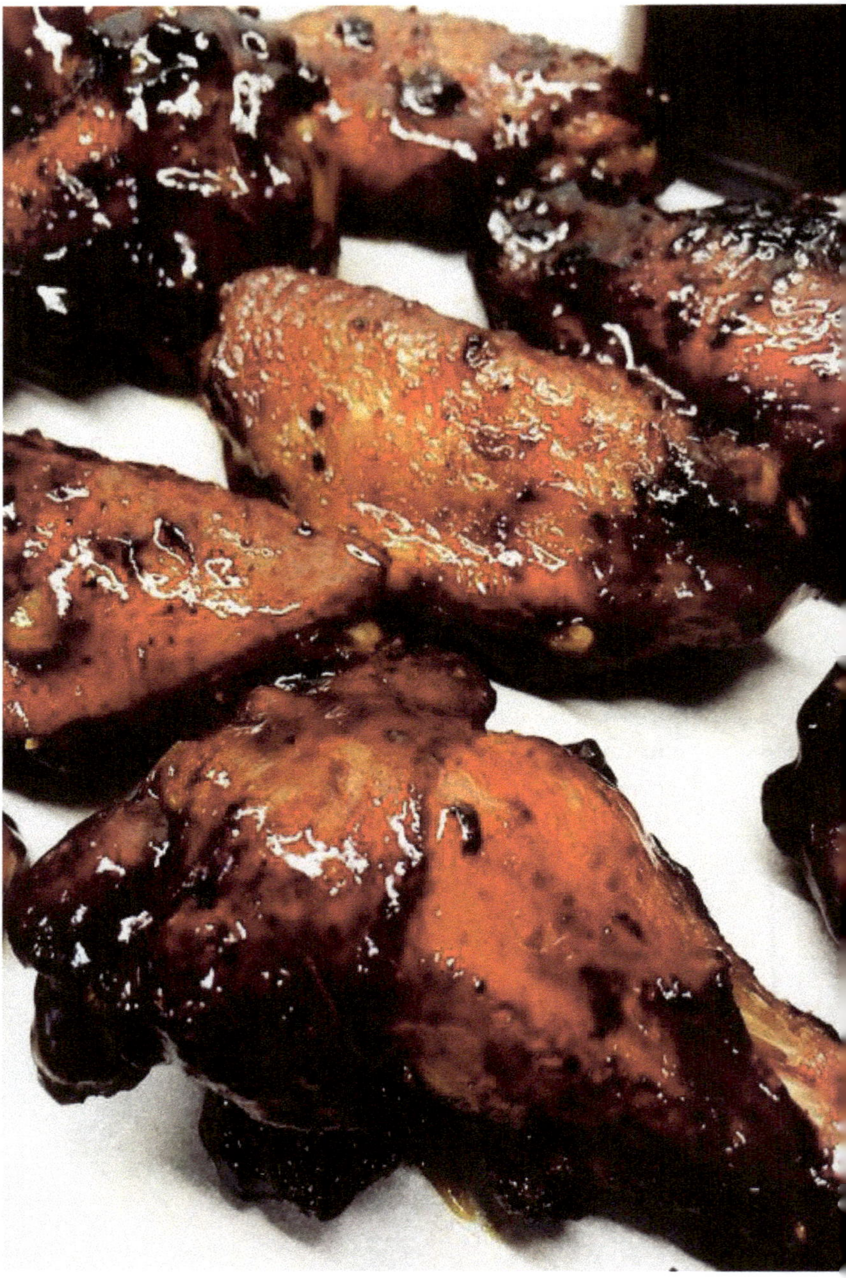

RECETAS DE CERDO CHINO

mm)   Potstickers con vino de arroz Konjac (Keto)

- 1½ tazas de carne de cerdo molida
- 3 cucharaditas de vino de arroz chino o jerez seco
- 3 cucharaditas de salsa de soja
- 1½ cucharaditas de aceite de sésamo
- 1½ cucharada de cebolla picada
- 1 paquete de envoltorios redondos de wonton (gyoza)
- ½ taza de agua para hervir los potstickers
- Aceite para freír según sea necesario

Combine la carne de cerdo molida, el vino de arroz Konjac, la salsa de soja, el aceite de sésamo y la cebolla picada.

Para hacer los potstickers: Coloque 1 cucharadita de relleno en el medio de la envoltura. Humedezca los bordes del envoltorio, doble el relleno y selle, doblando los bordes. Continúe con el resto de los potstickers. Cubra los potstickers terminados con una toalla húmeda para evitar que se sequen.

Agregue 2 cucharadas de aceite a un wok o sartén precalentado (1 cucharada si usa una sartén antiadherente). Cuando el aceite esté caliente, agregue algunos de los potstickers, con el lado liso hacia abajo. No sofreír, dejar cocinar durante aproximadamente 1 minuto.

Agrega ½ taza de agua. No dé la vuelta a los potstickers. Cocine, tapado, hasta que se absorba la mayor parte del líquido. Destape y cocine hasta que el líquido se haya evaporado.

Afloje los potstickers con una espátula y sirva con el lado quemado hacia arriba. Sirva con salsa para mojar Potsticker

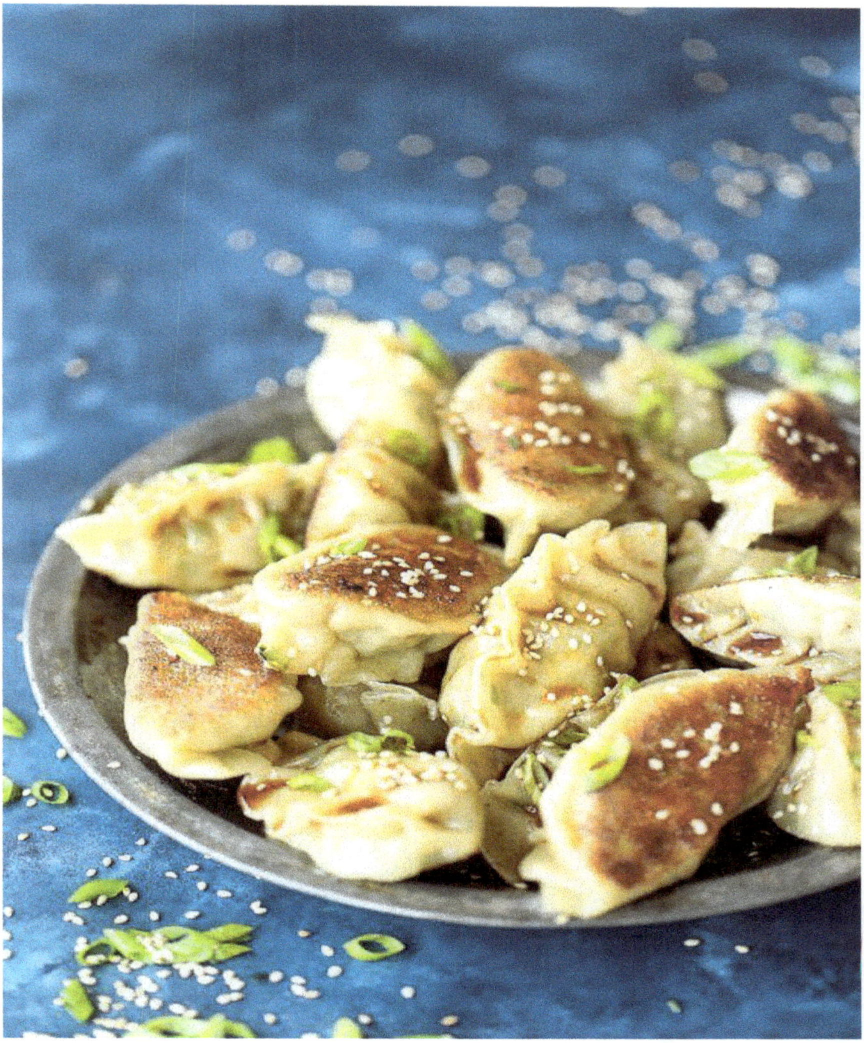

nn) Brotes de cerdo y bambú

- 1 libra de carne de cerdo magra 1/4 taza de salsa de soja
- 1 cucharada de jerez
- 1 cucharadita de jengibre molido
- 1 litro de agua
- 1 oz de brotes de bambú

a) Corta la carne de cerdo en cubos pequeños. Mezcle la salsa de soja, el jerez y el jengibre, agregue al cerdo, mezcle bien y deje reposar durante 10 minutos. Poner la carne de cerdo y los aromas en una olla grande, agregar el agua y llevar a ebullición suave, tapar y cocinar a fuego lento durante 1 hora.

b) Escurrir los brotes de bambú y triturar finamente, agregar a la sartén y cocinar a fuego lento durante 10 minutos. Si lo desea, el líquido se puede espesar con 1 cucharada de maicena. mezclado con un poco de agua fría.

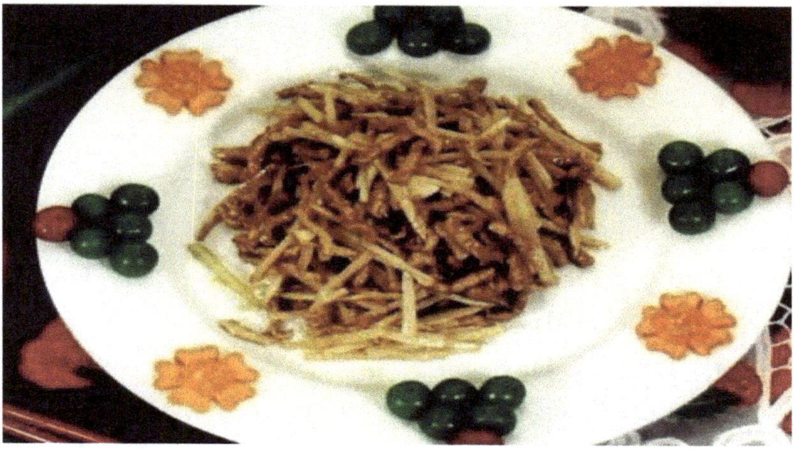

oo) Cabeza de León Keto

- 1 rodaja de jengibre
- 1 cebollín, cortado en cuartos
- 1/2 taza de agua
- 1 libra de carne de cerdo molida
- 1 cucharada de jerez
- 2 cucharadas de salsa de soja light
- 1 cucharadita de sal
- 1 cucharada de maicena
- 2 cucharadas de maicena, disueltas en 4 cucharadas de agua
- 6 cucharadas de aceite
- 1 libra de bok choy (verde chino), cortado en longitudes de 3 pulgadas
- 1/2 taza de caldo de pollo

a) Golpee el jengibre y la cebolleta con el dorso de un cuchillo o una cuchilla. Poner en un recipiente con agua. Reserva 10 minutos.
b) Cuela la cebolleta y el jengibre del agua.
c) Ponga la carne de cerdo en un tazón. Agregue agua de cebollín y jengibre, jerez, 1 cucharada de salsa de soja, 1/2 cucharadita de sal y maicena. Mezclar bien con la mano en una dirección.
d) Forme 4 bolas grandes con la mezcla de carne.
e) Con las manos, cubra las bolas con maicena disuelta.
f) Calentar 4 cucharadas de aceite en wok. Freír las bolas una por una hasta que se doren. Rocíe con aceite caliente. Retirar con cuidado.

g) Caliente 2 cucharadas de aceite hasta que esté humeante en el wok. Sofría el bok choy durante 2 minutos. Agrega 1/2 cucharadita de sal.
h) Ponga bok choy en una olla pesada. Coloque las albóndigas encima. Agregue 2 cucharadas de salsa de soja y caldo. Cubrir. Cocine a fuego lento 1 hora.
i) Deje hervir 2 minutos. Si la salsa está demasiado aguada, espese con un poco de maicena disuelta.

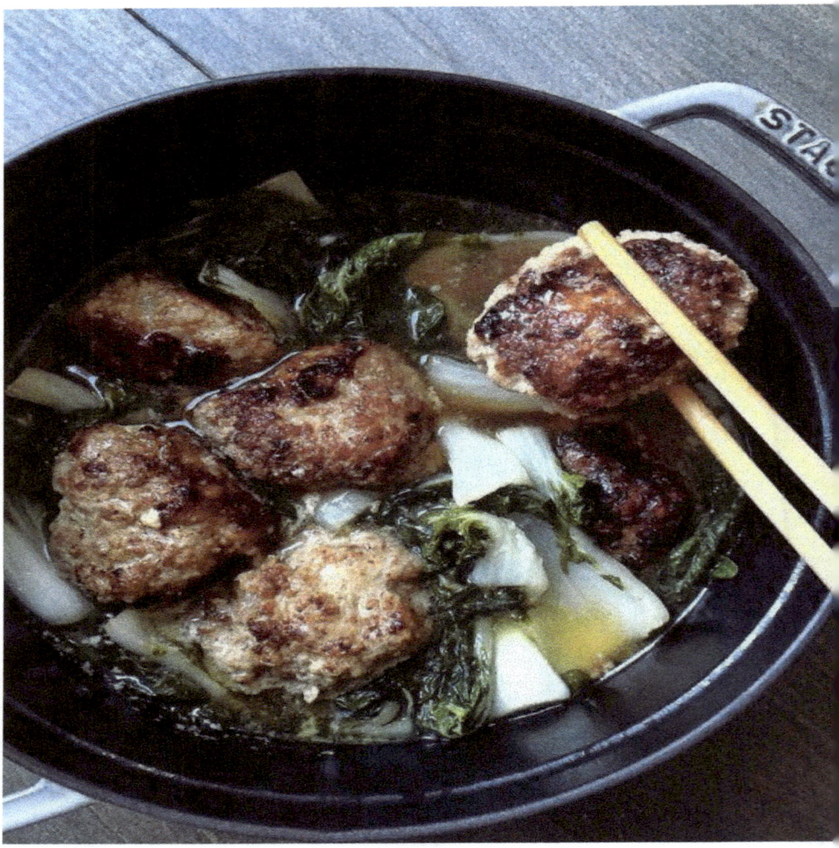
STA

pp) Rollito de huevo de cerdo sin relleno

Ingredientes:

- aceite de sésamo
- ajo
- cebolla
- cebollas verdes
- carne de cerdo molida
- Jengibre molido
- sal marina
- pimienta negra
- Sriracha o salsa de ají con ajo
- Ensalada de col
- aminoácidos de coco o salsa de soja
- vinagre, semillas de sésamo tostadas

Este enorme cuenco de belleza sería el mejor centro de mesa para una mesa de buffet chino: ¡el rollo de huevo de cerdo en un cuenco también podría convertirse en rollo de huevo de res, pavo o pollo! Me gustan mucho las recetas en las que puedes ponerles tu propio sello fácilmente.

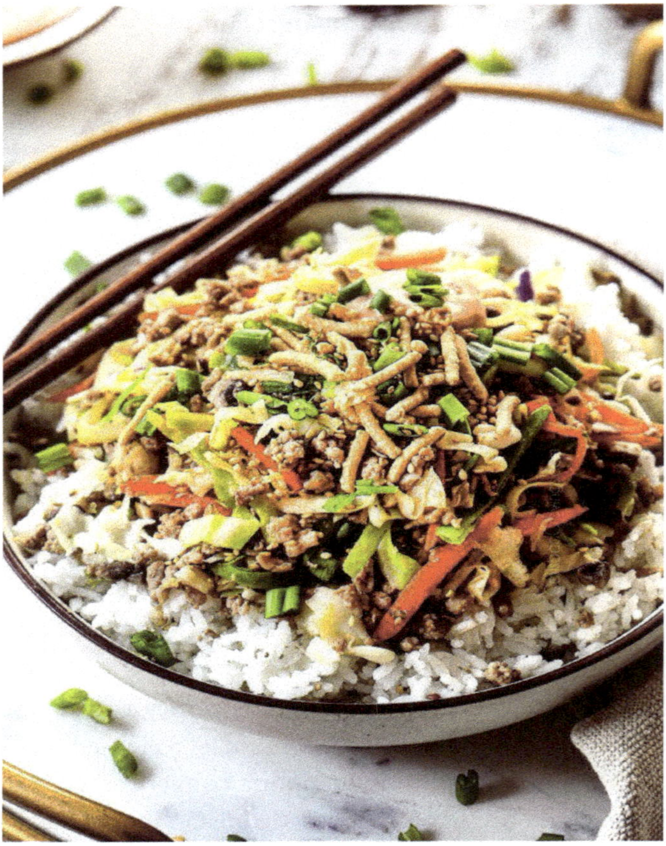

qq) Gow Gees tradicional

- ¼ de libra (4 onzas) de camarones
- 3 champiñones secos medianos
- 1 taza de carne de cerdo molida
- 1 hoja de col napa, rallada
- 1½ cebollas verdes, en rodajas finas
- ¼ de cucharadita de jengibre picado
- 2 cucharaditas de vino de arroz chino o jerez seco
- 2 cucharaditas de salsa de soja
- 1 cucharadita de aceite de sésamo
- 1 paquete de envoltorios redondos de wonton (gyoza)
- 4-6 tazas de aceite para freír

a) Lavar, desvenar y picar finamente los camarones. Remoje los champiñones secos en agua caliente durante al menos 20 minutos para que se ablanden. Escurrir, quitar los tallos y cortar en rodajas finas.

b) Combine el cerdo molido, los camarones, el repollo, las cebollas verdes, los champiñones secos, el jengibre, el vino de arroz Konjac, la salsa de soja y el aceite de sésamo.

c) Agregue aceite a un wok precalentado y caliente a 375 ° F. Envuelva los gow gees mientras espera que el aceite se caliente. Coloque 1 cucharadita de relleno en el medio del envoltorio. Humedezca los bordes del envoltorio, doble el relleno y selle, rizando los bordes. Continúe con el resto de los wontons. Cubre los wontons terminados con una toalla húmeda para evitar que se sequen.

d) Deslice con cuidado los gow gees en el wok, unos pocos a la vez. Freír hasta que se doren (unos 2 minutos). Retirar con una espumadera y escurrir sobre toallas de papel.

rr) Albóndigas Keto Siu Mai

- ¼ de libra (4 onzas) de camarones frescos
- 3 champiñones secos medianos
- 1 taza de carne de cerdo molida
- 1½ cebollas verdes, en rodajas finas
- ½ taza de brotes de bambú enlatados, rallados
- 2 cucharaditas de salsa de ostras
- 2 cucharaditas de salsa de soja
- 1 cucharadita de aceite de sésamo
- 1 paquete de envoltorios de Siu Mai o wonton
- Aceite para recubrimiento de placas termorresistentes

a) Lavar y desvenar los camarones y picarlos finamente. Remoje los champiñones secos en agua caliente durante al menos 20 minutos para que se ablanden. Escurrir, quitar los tallos y cortar en rodajas finas.
b) Combine el cerdo molido, los camarones, las cebollas verdes, los champiñones secos, los brotes de bambú, la salsa de ostras, la salsa de soja y el aceite de sésamo.
c) Para envolver el Siu Mai: Coloque 2 cucharaditas de relleno en el medio del envoltorio. No doble la envoltura sobre el relleno. Reúna los bordes del envoltorio y pliegue suavemente los lados para que forme una canasta, con la parte superior abierta.
d) Cubra ligeramente una placa resistente al calor con aceite. Coloque las bolas de masa en el plato. Coloque el plato en una vaporera de bambú en un wok preparado para cocinar al vapor. Cocine las albóndigas al vapor durante 5 a 10 minutos o hasta que estén cocidas.

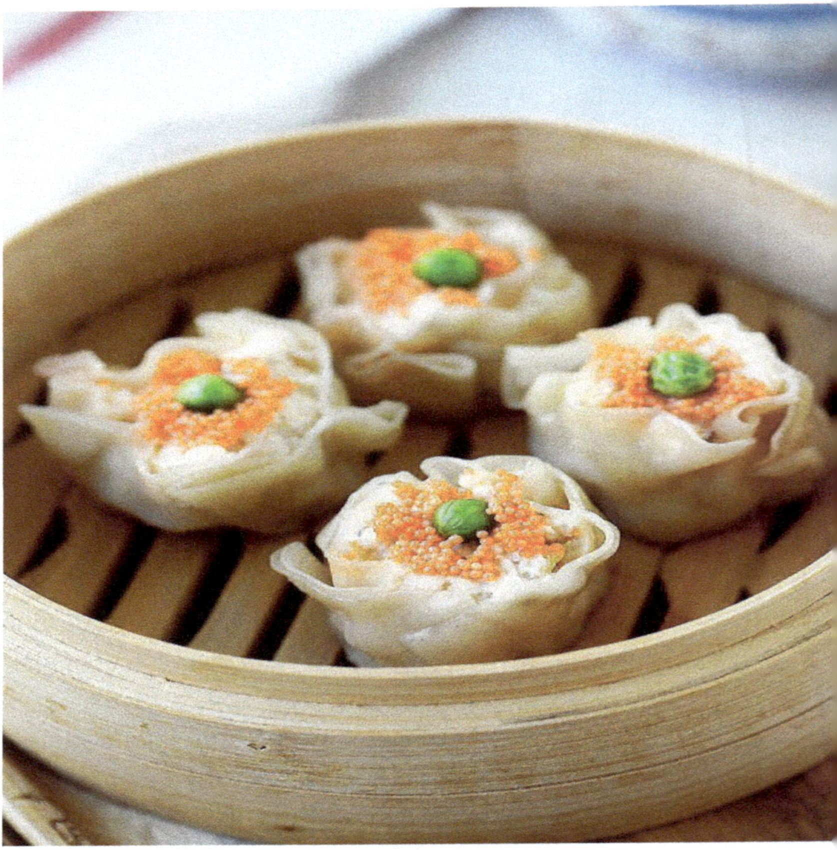

ss) Chop Suey de cerdo cetogénico

- 1/2 libra de lomo de cerdo
- 2 cucharaditas de vino de arroz chino o jerez seco
- 2 cucharaditas de salsa de soja
- 2 cucharaditas de bicarbonato de sodio
- 2 cebollas verdes, finamente cortadas en diagonal
- 2 cucharadas de salsa de ostras
- 2 cucharadas de caldo o caldo de pollo
- 4-6 cucharadas de aceite para sofreír
- 6 champiñones frescos, en rodajas finas
- 1 tallo de apio, cortado en rodajas finas en diagonal
- 2 tallos de bok choy incluidas las hojas, en rodajas finas en diagonal
- 1 lata de 8 onzas de brotes de bambú, escurridos

Cortar la carne de cerdo en rodajas finas. Marine la carne de cerdo con el vino de arroz Konjac, la salsa de soja y el bicarbonato de sodio durante 30 minutos.

Combine la salsa de ostras, el caldo de pollo. Dejar de lado.

Agregue 2 cucharadas de aceite a un wok o sartén precalentado. Cuando el aceite esté caliente, agregue la carne de cerdo. Sofreír hasta que cambie de color y esté casi cocido. Retirar del wok.

Agregue 1-2 cucharadas de aceite. Cuando el aceite esté caliente, agregue los champiñones y saltee durante aproximadamente 1 minuto. Agregue el apio y los tallos de bok choy, luego los brotes de bambú, sofreír cada uno durante aproximadamente 1 minuto en el medio del wok antes de agregar la siguiente verdura. (Si el wok está demasiado lleno, sofría cada verdura por separado). Agregue más aceite según sea necesario, empujando las verduras hacia el costado del wok hasta que el aceite se caliente. Agrega las hojas de bok choy y la cebolla verde. Agregue la salsa al medio del wok y deje hervir. Agrega la carne de cerdo. Mezclar todo y servir caliente.

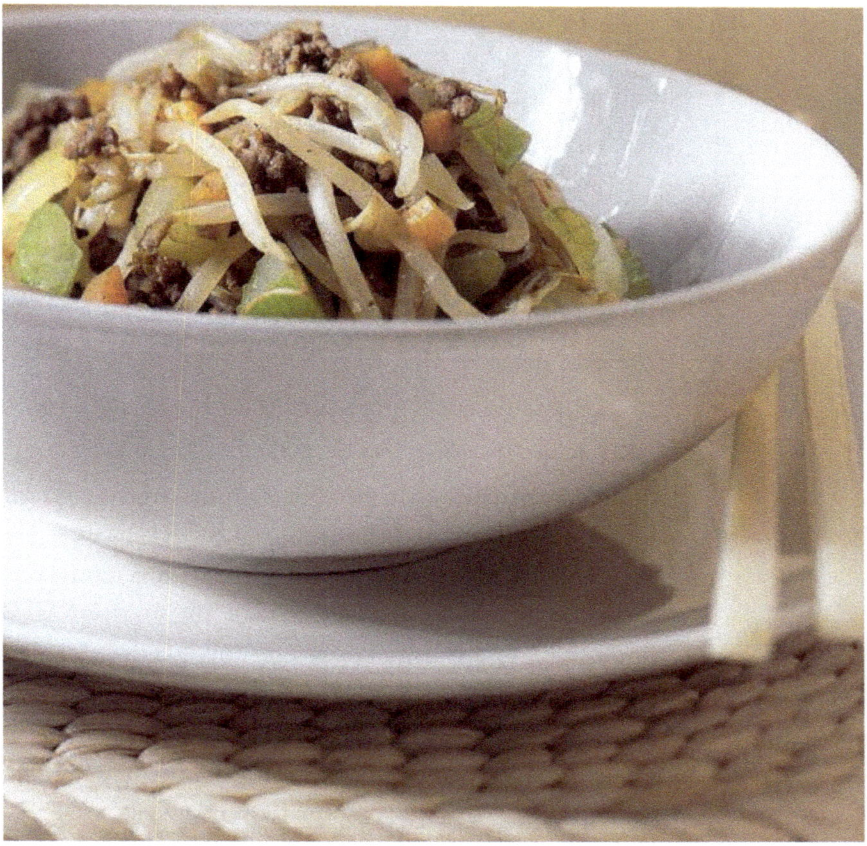

tt) Cerdo Hoisin Picante

- ¾ libra de lomo de cerdo
- 1 cucharada de salsa de soja
- 2 cucharaditas de bicarbonato de sodio
- 1 manojo de espinacas
- 2 cucharadas de salsa hoisin
- 1 cucharada de salsa de soja oscura
- ¼ de taza de agua
- 3 cucharadas de aceite para sofreír
- ¼ de cucharadita de pasta de chile

Cortar la carne de cerdo en rodajas finas. Marine en salsa de soja y bicarbonato de sodio durante 30 minutos.

Escaldar la espinaca brevemente en agua hirviendo y escurrir bien.

Combine la salsa hoisin, la salsa de soja oscura y el agua. Dejar de lado.

Agregue 2 cucharadas de aceite a un wok o sartén precalentado. Cuando el aceite esté caliente, agregue el cerdo y saltee hasta que cambie de color y esté casi cocido. Retirar y escurrir sobre toallas de papel.

Agrega 1 cucharada de aceite. Cuando el aceite esté caliente, agregue la pasta de chile y saltee hasta que esté aromático. Agrega las espinacas. Sofría por un minuto, agregando salsa de soja para sazonar si lo desea. Agrega la salsa en el medio del wok y deja que hierva. Agrega la carne de cerdo. Baje el fuego, mezcle todo y sirva caliente.

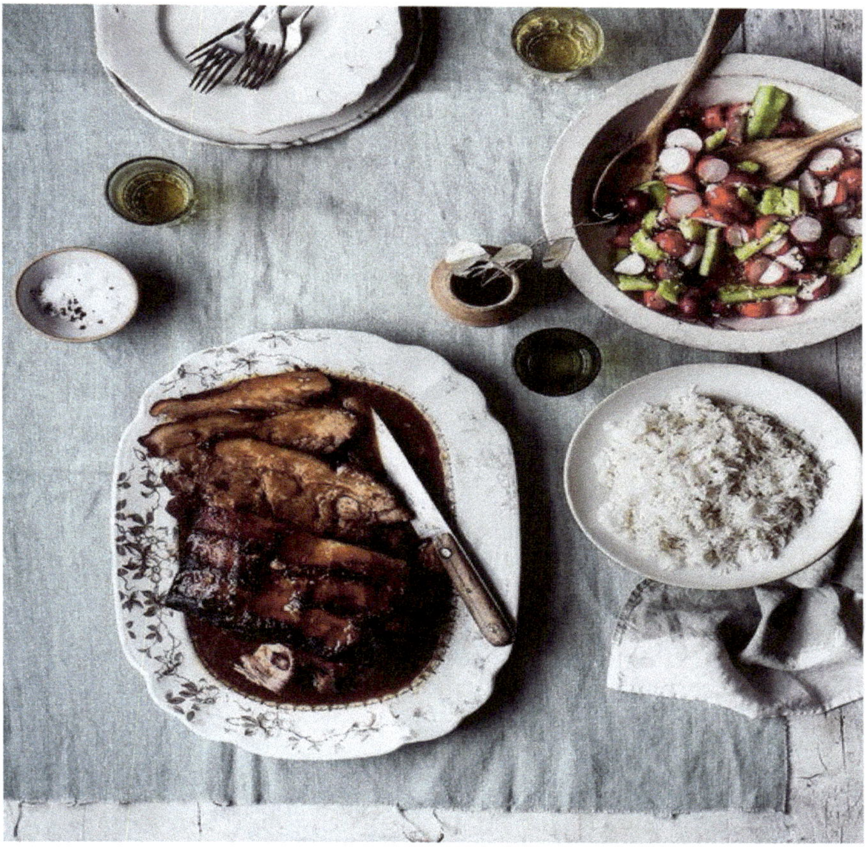

uu) Jamón con Pera Asiática

- 1½ libras de jamón, en rodajas finas
- 2 cucharaditas de aceite de sésamo
- 2 cucharaditas de maicena
- 2 cucharadas de salsa de soja
- 2 cucharadas de salsa de soja oscura
- 2 cucharadas de miel
- 1 cebolla verde
- 2 cucharadas de aceite para freír
- 2 peras asiáticas, en rodajas

Marine el jamón durante 30 minutos en aceite de sésamo y maicena.

Combine la salsa de soja, la salsa de soja oscura y la miel. Dejar de lado. Corta la cebolla verde en rodajas de 1 pulgada en diagonal.

Agregue 2 cucharadas de aceite a un wok o sartén precalentado. Cuando el aceite esté caliente, añadir las lonchas de jamón y dorar brevemente. Retirar y escurrir sobre toallas de papel.

Prepara el wok para cocer al vapor. Coloque el jamón en rodajas en un plato resistente al calor en una vaporera de bambú. Unte la mitad de la salsa con un cepillo. Cubra y cocine al vapor, agregando más agua hirviendo según sea necesario.

Después de 25 minutos, escurra el jugo del jamón, combine con la mitad restante de la salsa y deje hervir en una cacerola pequeña. Acomoda las rodajas de pera con el jamón. Cocine el jamón al vapor durante otros 5 minutos o hasta que esté cocido. Vierta la salsa cocida sobre el jamón antes de servir. Adorne con la cebolla verde.

CARNE CHINA

vv) Costillas asiáticas cetogénicas a la parrilla

Costillas y adobo

- 6 costillas cortas grandes, corte flanqueado (~ 1 1/2 lb.)
- 1/4 taza de salsa de soja
- 2 cucharadas. Vinagre de arroz
- 2 cucharadas. Salsa de pescado
- Frote de especias asiáticas

a) Mezcle la salsa de soja, el vinagre de arroz y la salsa de pescado. Opcionalmente, puede agregar un poco de aceite de oliva y aceite de sésamo a la marinada.
b) Coloque las costillas en una cazuela o recipiente con bordes elevados. Vierta la marinada sobre las costillas y deje reposar durante 45-60 minutos.
c) Mezcle la mezcla de especias.
d) Vacíe la marinada de la cazuela y luego vierta la mezcla de especias uniformemente sobre ambos lados de las costillas.
e) ¡Calienta tu parrilla y asa las costillas! Aproximadamente 3-5 minutos por lado dependiendo del grosor.
f) Sirva con sus vegetales favoritos o guarnición.
g) Esto hace un total de 4 porciones de costillas cetogénicas asadas asiáticas.

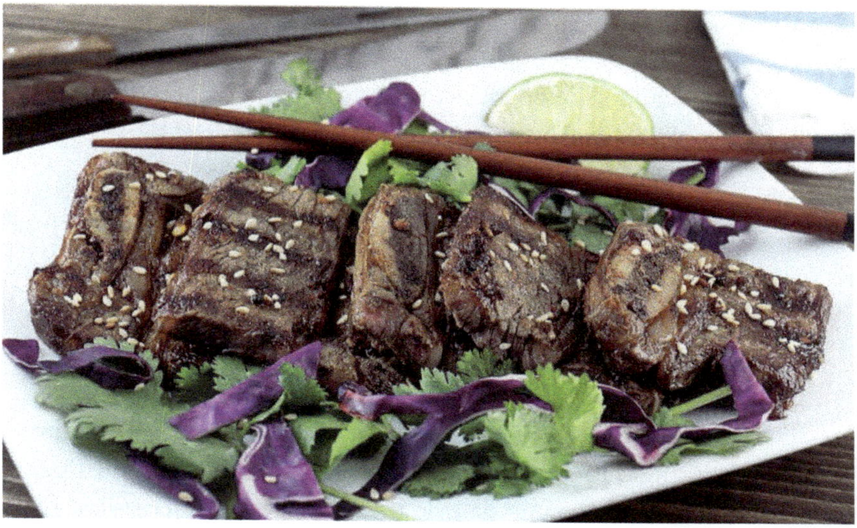

ww) Costillas a la Parrilla

- bancos de costillas de cerdo, sin cortar, alrededor de 2 libras cada uno 3 dientes de ajo, picados
- 1/2 taza de salsa de tomate
- 1/2 taza de salsa de frijoles dulces (hoi sin deung) o salsa hoi sin 1/2 taza de salsa de soja
- 1/4 taza de jerez

Quite el exceso de grasa de los bordes gruesos de las costillas. Coloque las costillas en una fuente o fuente poco profunda. Mezcle los ingredientes restantes para un adobo y extienda por ambos lados de las costillas. Deje reposar durante al menos dos horas.

Coloque una rejilla en la parte superior del horno y otra en la parte inferior. Precaliente a 375F. Enganche cada banco de costillas con 3 o 4 ganchos en S a lo ancho, en los bordes gruesos, y suspenda debajo de la rejilla superior.

Coloque una cacerola grande con 1/2 "de agua en la rejilla inferior. Esta cacerola recogerá la grasa y evitará que la carne se seque. Cocine las costillas durante unos 45 minutos.

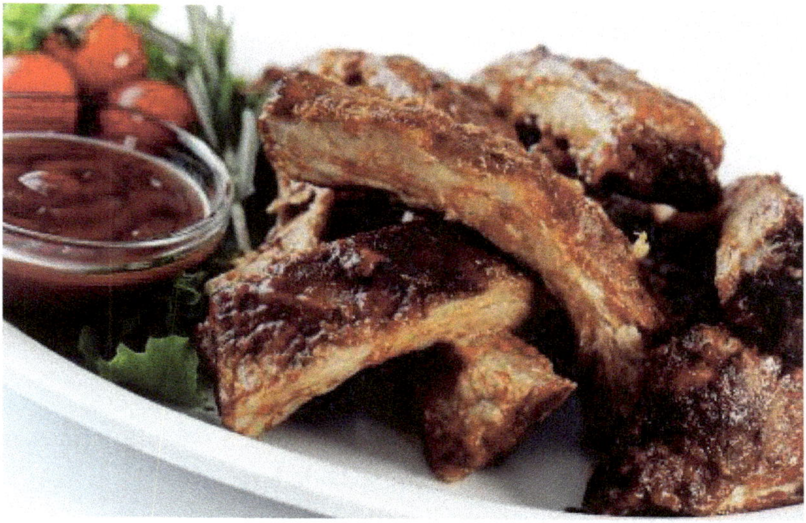

xx) satay de carne

- 1/2 libra de solomillo de ternera
- ¼ taza de salsa de soja oscura
- ¼ de cucharadita de pasta de chile
- 1 cucharada de salsa hoisin
- 1 cucharadita de mermelada de naranja
- 1 diente de ajo picado
- 1 rodaja de jengibre picado

a) Corte la carne a lo largo del grano en tiras muy finas, de aproximadamente 1 pulgada de largo.
b) Combine los ingredientes restantes. Deje marinar la carne en el refrigerador durante la noche o durante al menos 2 horas. Escurre la carne, reservando la marinada.
c) Enhebre al menos 2 rebanadas de carne de res marinada en cada brocheta, entrelazándolas hacia adentro y hacia afuera como un acordeón. Unte con la marinada reservada.
d) Asa la carne por ambos lados. Sirva con salsa hoisin satay

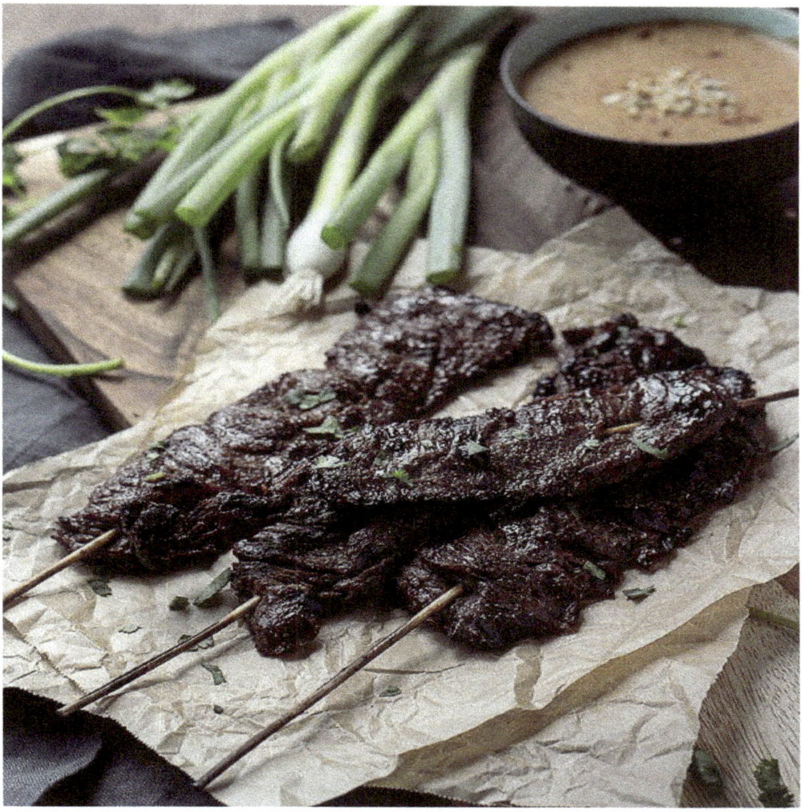

yy) Ternera con brócoli

- 1 cucharada de maicena 3 cucharadas de jerez seco 1/4 taza de agua
- 1/2 taza de salsa de ostras
- 1 pizca de hojuelas de pimiento rojo triturado 1 cucharada de aceite
- 1 cucharada de raíz de jengibre, picada
- 1 diente de ajo - triturado 1 libra de brócoli - cortado
- 1 pimiento verde, en juliana 2 costillas de apio, en rodajas
- 6 cebollas verdes, cortadas en trozos
- 8 onzas de carne de res cocida, en rodajas

a) Disuelva la maicena en jerez, salsa de ostras, agua y agregue hojuelas de pimiento rojo. En un wok o una sartén grande, caliente el aceite a fuego medio alto, agregue el jengibre
b) y ajo. Sofreír 1 min. Agrega el brócoli, sofríe durante 3 minutos. Agregue el pimiento verde, el apio y las cebollas verdes, saltee durante 3 minutos.
c) Hacer un pozo en el wok y agregar la mezcla de maicena. Revuelva hasta que espese. Agregue la carne y revuelva suavemente.
d) Use caldo de pollo si la mezcla es demasiado espesa. Sirva con arroz Konjac al vapor o arroz con coliflor.

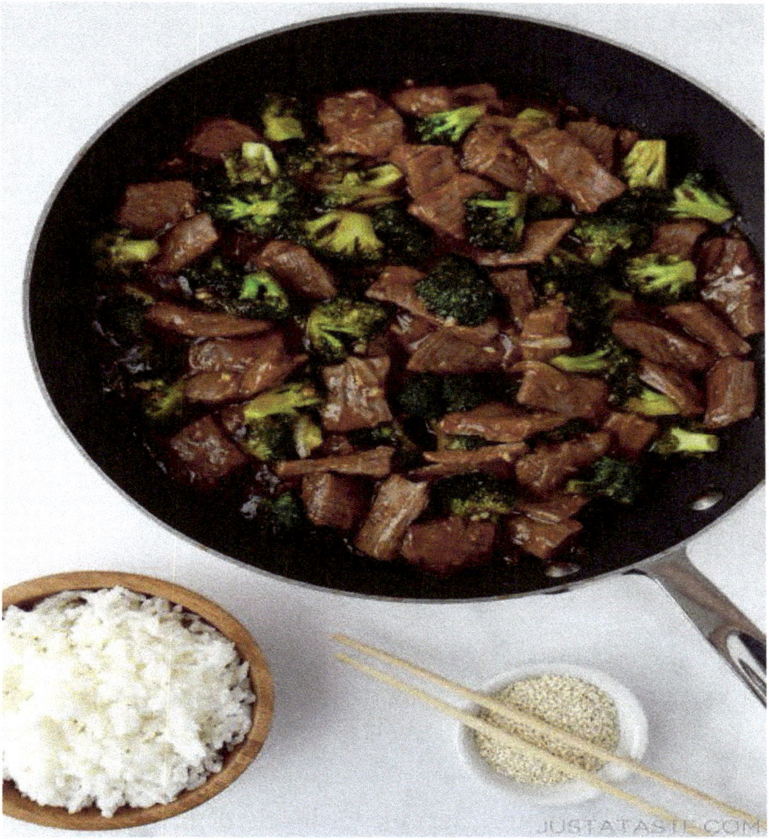
JUSTATASTE.COM

zz) Carne de res Kwangton

- 1 1/2 cucharadas de aceite de maní
- 1 rodaja de raíz de jengibre fresca
- 1/2 "de grosor 1 libra de carne de res - en tiras finas
- 4 onzas de brotes de bambú, en rodajas
- 4 onzas de champiñones, en rodajas 3 onzas de guisantes de nieve
- 1/2 taza de caldo de pollo
- 2 cucharadas de salsa de ostras
- 1/2 cucharadita de salsa de soja
- 1/4 de cucharadita de aceite de sésamo
- 1/2 cucharadita de maicena, mezclada con 1/2 cucharadita de agua

Precalienta un wok o sartén y agrega el aceite. Agrega el jengibre y revuelve para darle sabor al aceite. Desechar el jengibre y agregar la abeja
f rebanadas. Sofreír para
unos 2 minutos. Agregue los brotes de bambú, los champiñones, los guisantes y el caldo de pollo. Tape y cocine por 2 minutos. Agregue la salsa de ostras, la salsa de soja y el aceite de sésamo. Espesar con la mezcla de maicena y servir inmediatamente con arroz Konjac o arroz con coliflor.

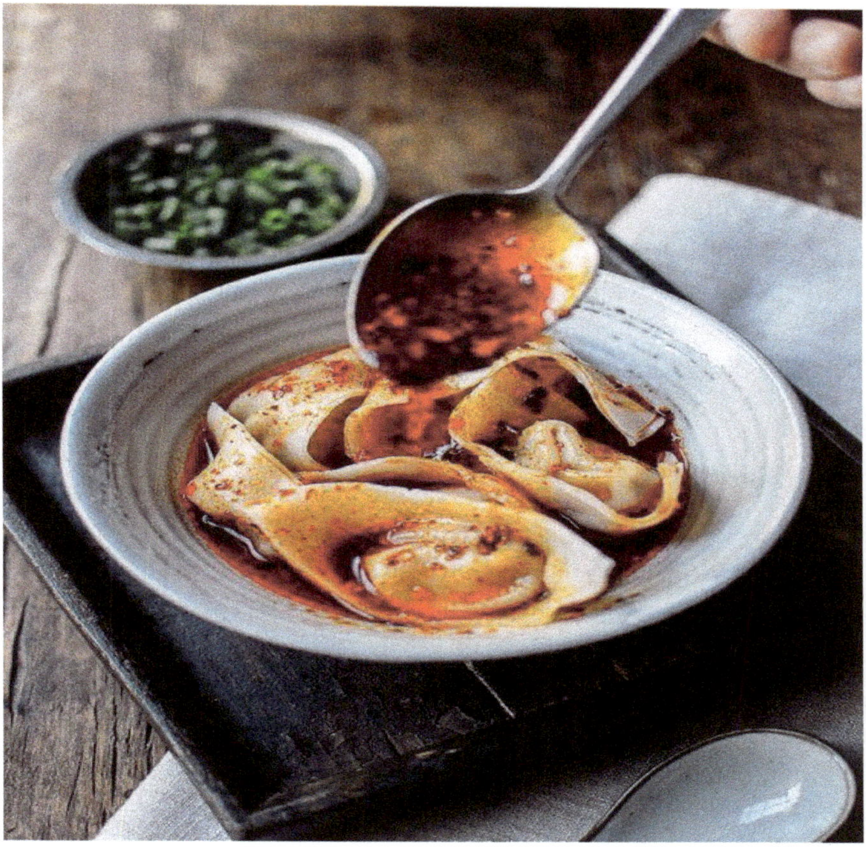

aaa) Albóndigas Cantonesas

a) 20 oz. Trozos de piña en almíbar
b) 5 cucharadas de salsa teriyaki, dividida
c) 1 cucharada de vinagre
d) cucharada de salsa de tomate
e) 1 libra de carne molida
f) 2 cucharadas de cebolla picada instantánea
g) cucharadas de maicena
h) 1/4 taza de agua

Escurre la piña; reservar almíbar. Combine el almíbar, dore 3 cucharadas de salsa teriyaki, vinagre y salsa de tomate; dejar de lado. Mezcle la carne con las 2 cucharadas restantes de salsa teriyaki y cebolla; forma 20 albóndigas. Dore las albóndigas en una sartén grande; drene el exceso de grasa. Vierta la mezcla de almíbar sobre las albóndigas; cocine a fuego lento durante 10 minutos, revolviendo ocasionalmente. Disuelva la maicena en agua; revuelva en una sartén con la piña. Cocine y revuelva hasta que la salsa espese y la piña esté bien caliente.

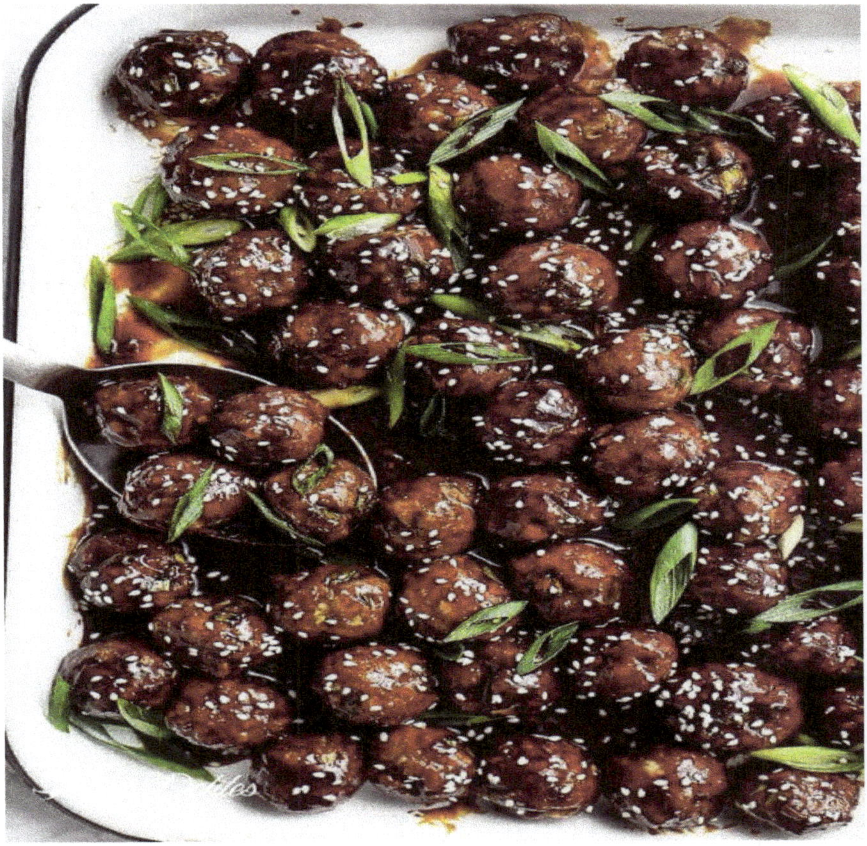

bbb) Rollos Hoisin de Carne de Res y Cebolleta

- 1 filete de falda entero
- 1/2 taza de salsa de soja
- 3 dientes de ajo
- 1/2 taza de jengibre picado
- pizca fresca de pimienta negra
- 1/2 taza de salsa hoisin
- 1 manojo de cebolletas

- En un plato poco profundo, mezcle la salsa de soja, el aceite, el ajo, el jengibre y un poco de pimienta. Agregue la carne y deje marinar durante la noche en el refrigerador, volteando una vez. Calienta el asador. Seque la carne marinada con palmaditas y ase el bistec, aproximadamente a 4 pulgadas del fuego, hasta que esté crudo, de 5 a 6 minutos por lado.
- Deje enfriar completamente y luego corte en rodajas muy pensando en el sesgo, a través del grano de la carne. Recorta las rodajas para formar tiras de aproximadamente 2 x 4 pulgadas. Cepille una capa fina de salsa hoisin en cada tira de carne. Poner
- un pequeño manojo de cebolleta en juliana en un extremo y enrolle bien. Coloque en bandejas, con la costura hacia abajo, cúbralo bien con una envoltura de plástico (asegúrese de que el plástico esté en estrecho contacto con la carne) y refrigere hasta el momento de servir.

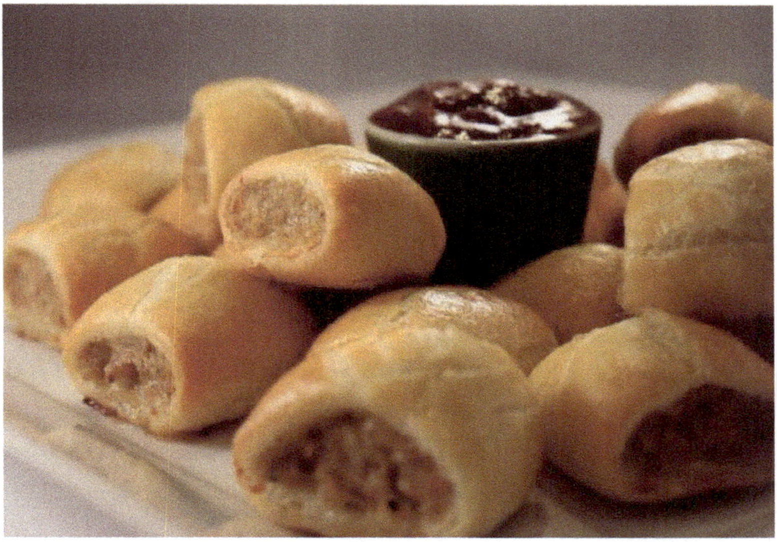

ccc) Bife Teriyaki

- 1 libra de filete de res de falda
- 1 taza de salsa teriyaki
- 2 cucharadas de salsa de soja
- 1/2 cucharadita de jengibre molido
- 1 cucharadita de pimienta negra molida
- 1/2 cucharadita de ajo picado fresco
- 2 cucharadas de salsa de ostras
- 1 cucharada de salsa de frijoles negros
- 1/4 taza de aceite de sésamo
- 1 onza. cebolla (rodajas de 1/4 ")
- 6 onzas. floretes de brócoli

a) Corte los filetes de falda en cubos de 1 "y combine todos los ingredientes anteriores en un tazón para mezclar. Mezcle bien y deje marinar durante al menos media hora a temperatura ambiente. Refrigere hasta que sea necesario.
b) Cuando esté listo para cocinar, separe la carne solo de la marinada (guarde todo lo demás). En un wok, caliente alrededor de 1/4 "de aceite de oliva. Agregue la carne y cocine 3/4 de cocción.
c) Agregue vegetales marinados (brócoli y cebolla). Cocine hasta que la carne esté lista, luego agregue aproximadamente 1 taza (o tanto como desee) de adobo a la carne y las verduras. Cocine a fuego lento hasta que hierva levemente.
d) Sirva sobre arroz Konjac con fideos wonton alrededor del borde del plato.

133

ddd) Carne de res envuelta en regalo

- 1/2 libra de filete de falda
- 1 cucharadita de salsa de ostras
- ¼ de cucharadita de bicarbonato de sodio
- 6 champiñones secos grandes
- 1 bok choy
- 2 cucharadas de salsa hoisin
- 2 cucharadas de agua
- 1 manojo de cilantro
- 2 cucharadas de aceite de sésamo
- 12 cuadrados de papel de aluminio de 6 pulgadas

Precaliente el horno a 350 ° F.

Corte la carne en rodajas finas de 2 a 3 pulgadas de largo. Desea tener aproximadamente 3 rebanadas para cada paquete. Agrega la salsa de ostras y el bicarbonato de sodio. Marine la carne durante 30 minutos.

Remoja los champiñones secos en agua caliente durante 20 minutos o hasta que se ablanden. Apriete suavemente para eliminar el agua y córtelo en 48 rodajas finas, o en 8 rodajas por hongo. Lave el bok choy, escúrralo bien y tritúrelo. Desea tener de 3 a 4 piezas para cada paquete. Mezclar la salsa hoisin, el agua y reservar.

Para envolver la carne, coloque un cuadrado de papel de aluminio para que tenga forma de diamante. Agregue 3 de las rodajas de ternera, 2-3 rodajas de champiñón, algunas tiras de bok choy y algunas ramitas de cilantro en el medio, asegurándose de mantener el relleno en el centro y no cerca de los bordes. Mezcle ¼ de cucharadita de aceite de sésamo y ½ cucharadita de la mezcla de hoisin y agua.

Lleva la esquina inferior hacia arriba sobre la carne. Ruede esta esquina una vez. Doble la esquina derecha hacia el medio y luego la esquina izquierda, de modo que una se superponga a la otra. Meta el triángulo de la parte superior en la solapa. Coloque los paquetes envueltos en una bandeja para hornear y hornee a 350 ° F durante 15 minutos. Dejar que se enfríe antes de servir. Sirva envuelto en una fuente, sin abrir.

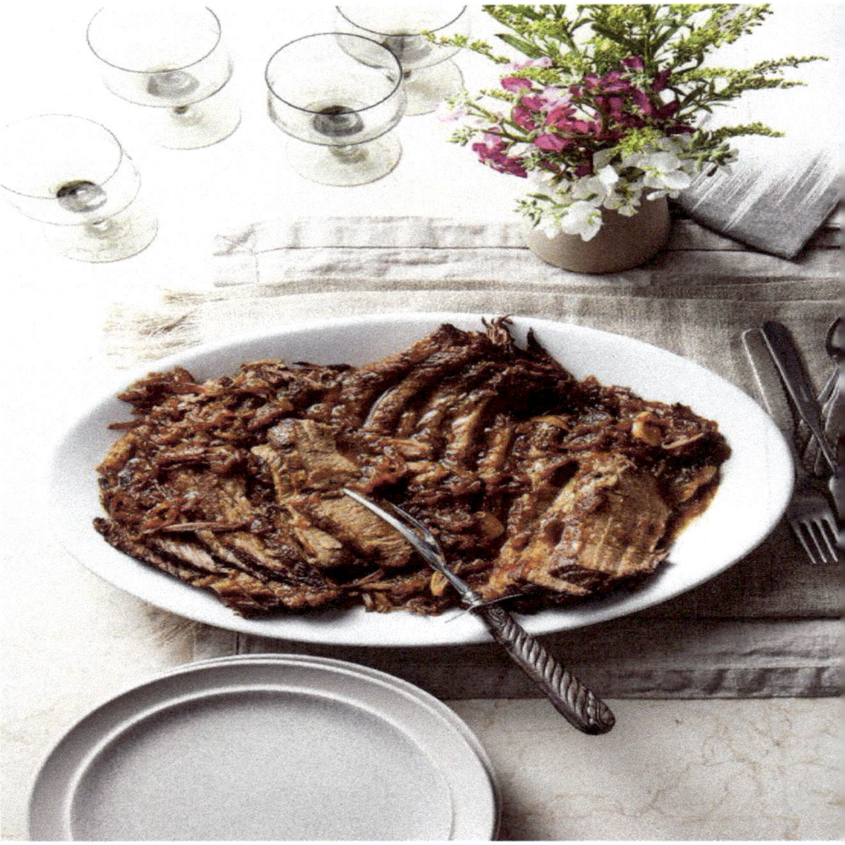

eee) Congee con Carne

- 1/2 libra de carne de res
- 2 cucharaditas de salsa de ostras
- 1 taza de arroz Konjac de grano largo o arroz de coliflor
- 6 tazas de agua
- 2 tazas de caldo de pollo
- 2 cebollas verdes
- 2 cucharadas de aceite para sofreír
- 2 rodajas de jengibre, picado
- 1 diente de ajo picado
- 2 cucharadas de salsa de soja oscura
- 1 cucharada de vino de arroz chino o jerez seco
- ½ cucharadita de aceite de sésamo
- Sal y pimienta para probar

a) Corta la carne en rodajas finas. Marine con la salsa de ostras durante 30 minutos.
b) Hierva el arroz Konjac o el arroz de coliflor, el agua y el caldo de pollo. Cocine a fuego lento, tapado, durante 30 minutos.
c) Corta las cebollas verdes en trozos de 1 pulgada en diagonal.
d) Agregue aceite a un wok o sartén precalentado. Cuando el aceite esté caliente, agregue el jengibre y el ajo. Sofreír brevemente hasta que esté aromático. Agregue la carne y saltee hasta que cambie de color y esté casi cocida. Retirar y escurrir sobre toallas de papel.
e) Agregue el jengibre, el ajo y la carne al congee. Agregue la salsa de soja oscura y el vino de arroz Konjac.

f) Continúe cocinando a fuego lento durante otros 30 minutos, o hasta que el congee tenga una textura cremosa. Agrega las cebollas verdes. Rocíe con el aceite de sésamo. Agrega sal al gusto.

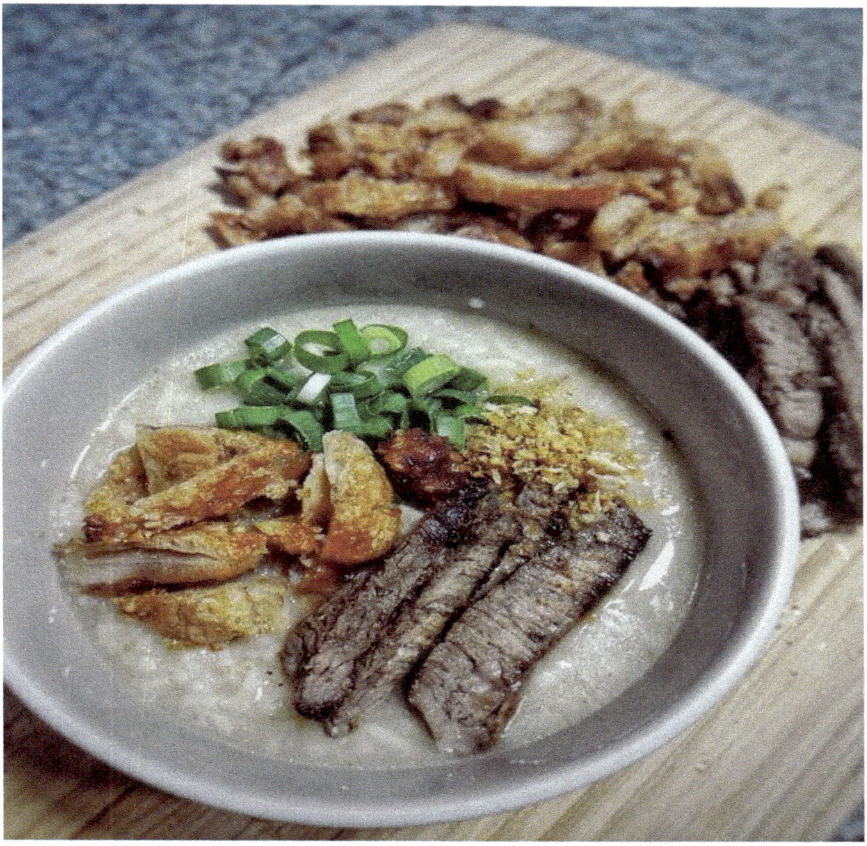

fff) Albóndigas Asiáticas Keto

Ingredientes:
- Carne molida
- aceite de sésamo
- 1 huevo
- cebolletas
- vinagre
- Espinacas
- albahaca
- jengibre fresco
- ajo
- salsa tamari o aminoácidos de coco
- aceite de aguacate

a) Otra receta de albóndigas cetogénicas, pero esta vez hecha con carne de res.
b) A estas albóndigas asiáticas no les falta sabor, ¡especialmente después de sumergirlas en la sabrosa salsa!

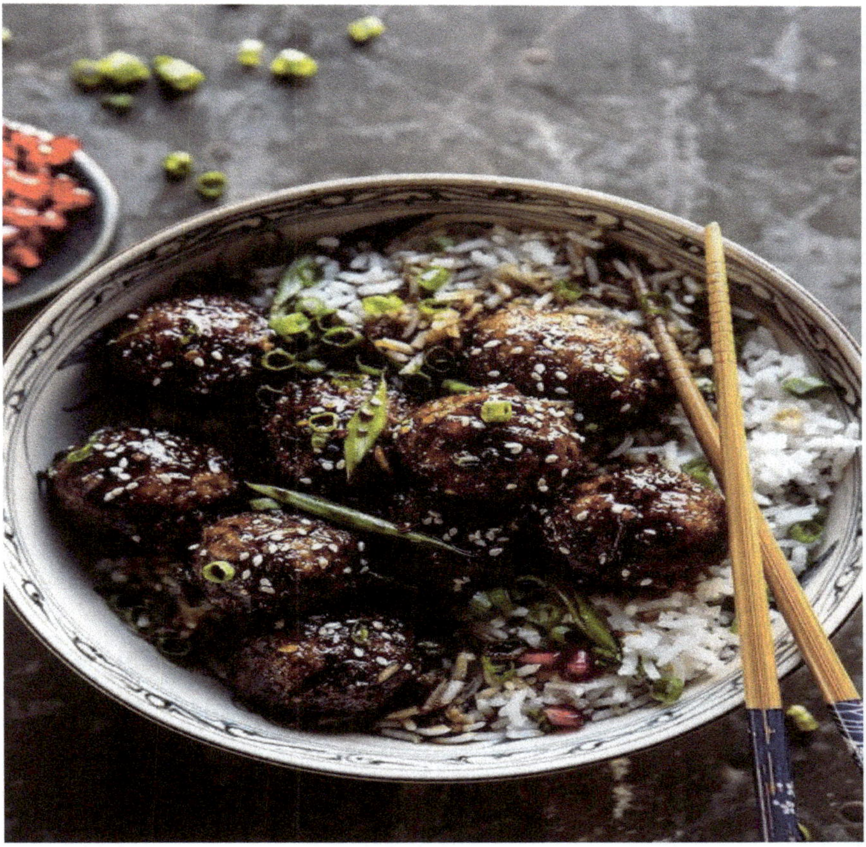

ggg) Carne Mu Shu

- 1/2 libra de carne de res
- ½ taza de agua
- 1 cucharada de salsa de soja oscura
- 1 cucharada más
- 1 cucharadita de salsa hoisin
- 1 cucharadita de salsa de ostras
- ¼ de cucharadita de aceite de sésamo
- 2 huevos, ligeramente batidos
- ¼ de cucharadita de sal
- 3-4 cucharadas de aceite para sofreír
- 1 rodaja de jengibre picado
- ½ taza de brotes de frijol mungo, enjuagados y escurridos

a) Corta la carne en rodajas finas. Deje marinar si lo desea.
b) Combine el agua, la salsa de soja oscura, la salsa hoisin, la salsa de ostras y el aceite de sésamo y reserve.
c) Mezclar los huevos con ¼ de cucharadita de sal. Agregue 1 cucharada de aceite a un wok o sartén precalentado. Cuando el aceite esté caliente, revuelva los huevos y retírelos del wok.
d) Agrega 2 cucharadas más de aceite. Cuando el aceite esté caliente, agregue la carne y saltee hasta que cambie de color y esté casi cocido. Retirar del wok y reservar.
e) Agregue más aceite si es necesario. Agregue el jengibre y saltee brevemente hasta que esté aromático. Agrega los brotes de soja. Agregue la salsa y deje hervir. Agrega la carne y los huevos revueltos. Mezclar todo y servir caliente.

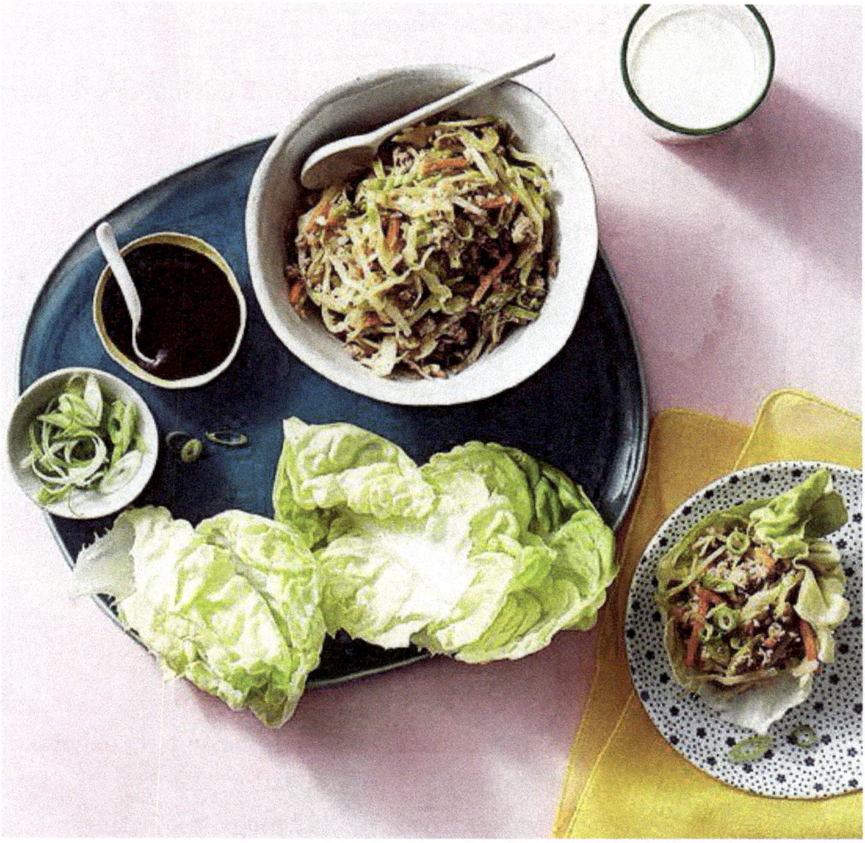

hhh) Ternera Keto Naranja

- 1/2 libra. Filete redondo superior 2 cucharadas de Jerez
- Tb maicena
- Claras de huevo
- 6 cucharadas de aceite de maní
  SALSA:
- 1 1/2 tazas de caldo de res 2 cucharadas de salsa de soja ligera
- 1 1/2 cucharada de maicena
- 1 cucharadita de vinagre de vino tinto
- 5 chiles rojos secos, partidos en trozos
- 8 rodajas finas de cáscara de naranja (solo la parte de naranja) o más
- Pimienta negra recién molida al gusto

a) Batir el jerez, la maicena y las claras de huevo hasta que la mezcla esté espumosa. Agregue la carne y revuelva para cubrir bien las piezas. Dejar de lado.
b) Corte la carne en trozos de 2x2 pulgadas. Calentar 4 cucharadas. Aceite de cacahuete en wok.
c) Freír rápidamente, solo hasta que estén crujientes y dorados, retirar a la rejilla del wok para escurrir. Agregue las 2 cucharadas restantes. Aceite de cacahuete para wok. Agregue la cáscara de naranja y los pimientos rojos al aceite caliente en el wok. Sofríe hasta que la cáscara de naranja comience a oscurecerse y el aroma del aceite se vuelva agradable. Agregue los ingredientes restantes y revuelva hasta que burbujee (agregue más caldo de carne si está demasiado espeso). Agregue la carne frita y

revuelva para cubrir con salsa. Sirva de inmediato con arroz Konjac blanco al vapor o arroz de coliflor.

CONCLUSIÓN

Si bien es difícil dar un conteo firme de carbohidratos a los alimentos chinos porque sus preparaciones varían entre los restaurantes, lo mejor que puede hacer es intentar preparar estos platos en casa, lo que le brinda más control sobre los ingredientes utilizados y el conteo final de carbohidratos.

Al navegar, un menú en un restaurante chino, es importante tener en cuenta que muchas salsas en un restaurante chino contienen azúcar. Puede solicitar versiones al vapor de algunos platos y luego agregar salsa de soja, que se ajusta a las pautas de una dieta cetogénica bien formulada. Particularmente el brócoli asiático al vapor o la mostaza son buenas opciones. Para las proteínas, el cerdo asado, el pato asado y la panceta de cerdo con piel crujiente son buenas opciones. Para la grasa, puede traer una botella pequeña de aceite de oliva de su casa y agregar una cucharada o dos a sus verduras.

DIETA KETO CHINA PARA PRINCIPIANTES

MÁS DE 50 SABROSAS RECETAS FÁCILES

PARA UNA DIETA SALUDABLE BAJA EN CARBOHIDRATOS

VALERIA MELIS

Reservados todos los derechos.
Descargo de responsabilidad

La información contenida i está destinada a servir como una colección completa de estrategias sobre las que el autor de este libro electrónico ha investigado. Los resúmenes, estrategias, consejos y trucos son solo recomendaciones del autor, y la lectura de este libro electrónico no garantiza que los resultados de uno reflejen exactamente los resultados del autor. El autor del libro electrónico ha realizado todos los esfuerzos razonables para proporcionar información actualizada y precisa a los lectores del libro electrónico. El autor y sus asociados no serán responsables de ningún error u omisión no intencional que pueda encontrarse. El material del eBook puede incluir información de terceros. Los materiales de terceros forman parte de las opiniones expresadas por sus propietarios. Como tal, el autor del libro electrónico no asume responsabilidad alguna por ningún material u opiniones de terceros. Ya sea debido a la progresión de Internet, o a los cambios imprevistos en la política de la empresa y las pautas de presentación editorial, lo que se declara como un hecho en el momento de escribir este artículo puede volverse obsoleto o inaplicable más adelante.

El libro electrónico tiene copyright © 2021 con todos los derechos reservados. Es ilegal redistribuir, copiar o crear trabajos derivados de este libro electrónico en su totalidad o en parte. Ninguna parte de este informe puede ser reproducida o retransmitida de forma reproducida o retransmitida en cualquier forma sin el permiso expreso y firmado por escrito del autor.

INTRODUCCIÓN

La cocina china es una parte importante de la cultura china, que incluye cocinas originarias de las diversas regiones de China, así como de chinos de ultramar que se han establecido en otras partes del mundo. Debido a la diáspora china y al poder histórico del país, la cocina china ha influido en muchas otras cocinas de Asia, con modificaciones realizadas para satisfacer los paladares locales. Los alimentos básicos chinos como el arroz, la salsa de soja, los fideos, el té, el aceite de chile y el tofu, y los utensilios como los palillos chinos y el wok, ahora se pueden encontrar en todo el mundo.

Navegar por una cocina china puede ser un desafío si está tratando de seguir la dieta cetogénica baja en carbohidratos y alta en grasas. Aunque cargado de verduras; muchos platos chinos a menudo se preparan con fideos y arroz, salsas con almidón y azúcar, o carnes rebozadas y fritas que pueden contener carbohidratos.

La dieta cetogénica es una dieta muy baja en carbohidratos y alta en grasas que comparte muchas similitudes con las dietas Atkins y bajas en carbohidratos. Implica reducir drásticamente la ingesta de carbohidratos y reemplazarlos con grasas. Esta reducción de carbohidratos pone a su cuerpo en un estado metabólico llamado cetosis. Cuando esto sucede, su cuerpo se vuelve increíblemente eficiente en la quema de grasa para obtener energía. También convierte la grasa en cetonas en el hígado, que pueden suministrar energía al cerebro.

Estos alimentos son difíciles de incluir en una dieta cetogénica, que generalmente restringe la ingesta de carbohidratos a no más de 50 gramos de carbohidratos totales o 25 gramos de carbohidratos netos, que es el total de carbohidratos menos fibra, por día.

RECETAS CHINAS DE HUEVO

5. Sopa de huevo

- 1/2 cuarto de caldo de pollo o caldo de sopa transparente
- 2 cucharadas maicena, mezclada en 1/4 taza de agua fría
- 2 huevos, ligeramente batidos con un tenedor
- cebolletas, picadas, incluidas las puntas verdes

Lleve el caldo de sopa a un tazón. Vierta lentamente la mezcla de almidón de maíz mientras revuelve el caldo, hasta que espese. Reducir el calor

así que el caldo hierve a fuego lento. Vierta los huevos lentamente mientras revuelve la sopa. Tan pronto como el último trozo de huevo esté dentro, apague el fuego de inmediato. Sirva con cebolletas picadas encima.

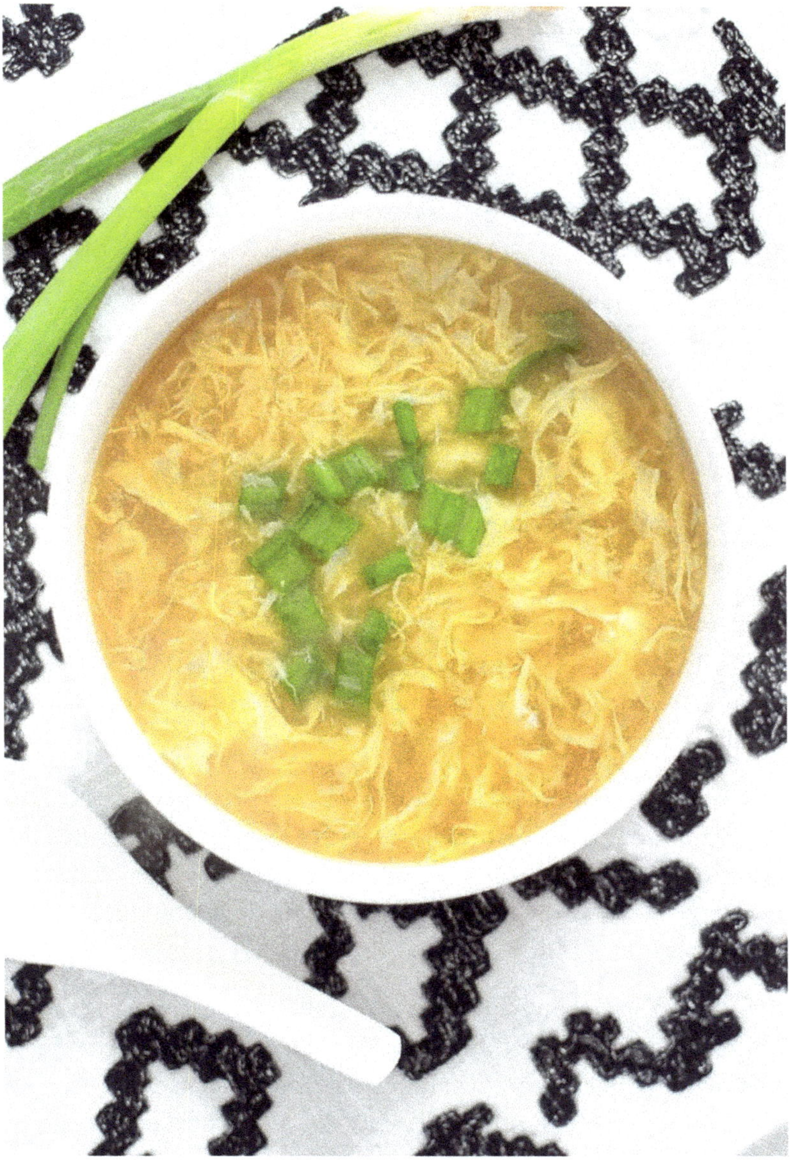

6. Rollos de huevo keto

- 1 libra de col china (Napa) 2 tallos de apio
- 1/2 libra de camarones cocidos
- 1/2 libra de hígados de cerdo o pollo cocidos
- 10 castañas de agua
- 1/3 taza de brotes de bambú
- 1 cucharadita sal
- Pimienta pizca liberal
- 1/2 cucharadita salsa de soja ligera
- 1/4 cucharadita aceite de sésamo
- 1 huevo batido
- 10 cáscaras de rollitos de huevo 3 tazas de aceite

PREPARACIÓN: Hervir el repollo y el apio hasta que estén muy tiernos. Escurre y exprime el exceso de agua. Triturar muy fino y reservar para

escurrir más. Sancoche los camarones y fríalos o hornee el cerdo. Pica ambos. Tritura las castañas de agua y los brotes de bambú. Mezcle todos los ingredientes menos el huevo. Batir el huevo. Envuelva el relleno en cáscaras de rollo de huevo y selle con huevo.

COCCIÓN: Caliente el aceite en un wok o freidora a 375 grados y colóquelo en los rollos de huevo. Cuando la piel se torne de color marrón dorado claro, retirar del aceite y escurrir. (En este punto, los restaurantes los refrigeran y terminan el proceso de cocción según sea necesario). Cuando estén fríos, vuélvalos a poner en aceite caliente y fríalos hasta que estén dorados.

Hace 10.

7. Keto Foo Yung

- 6 huevos bien batidos
- 1 taza de carne cocida desmenuzada (cerdo asado, camarones, ¡casi cualquier!)
- 2 tazas de brotes de soja frescos (o 1 lata)
- cebolletas, picadas, incluidas las puntas verdes
- 1 cebolla mediana, rallada
- 1/8 cucharadita de pimienta molida
- 1 cucharadita de glutamato monosódico (opcional)
- 2 cucharadas de salsa de soja
- 1/2 taza de caldo de pollo o agua Vegetal
- Aceite para freír

Haga salsa si lo desea (sigue la receta). Precaliente el horno a 200F. Forre una fuente con papel toalla de varios grosores. Mezcle todos los ingredientes excepto el aceite vegetal en un tazón.

Calentar una sartén caliente y seca. Ponga aceite vegetal a una profundidad de aproximadamente 1/2 pulgada. Mantenga el aceite a este nivel agregando más, ya que una parte se absorbe al cocinar. Lleva la temperatura del aceite a media. Revuelva la mezcla de tortilla cada vez antes de sacar una cucharada, para tener la proporción adecuada de ingredientes líquidos y sólidos en cada uno.

Con un cucharón o cuchara para sopa, tome una cucharada de la mezcla de huevo y póngala suavemente en la sartén. Cuando la primera tortilla se haya endurecido, muévala suavemente para dejar espacio para la siguiente. La cantidad de tortillas que puede preparar a la vez depende del tamaño de su sartén. Cuando un lado de la tortilla se haya dorado, dé la vuelta suavemente con el volteador de tortitas para freír el otro lado. Cuando esté listo, transfiéralo de la sartén a un plato forrado con papel. Mantener caliente en el horno hasta que todas las tortillas se puedan servir juntas. Sirva con o sin salsa.

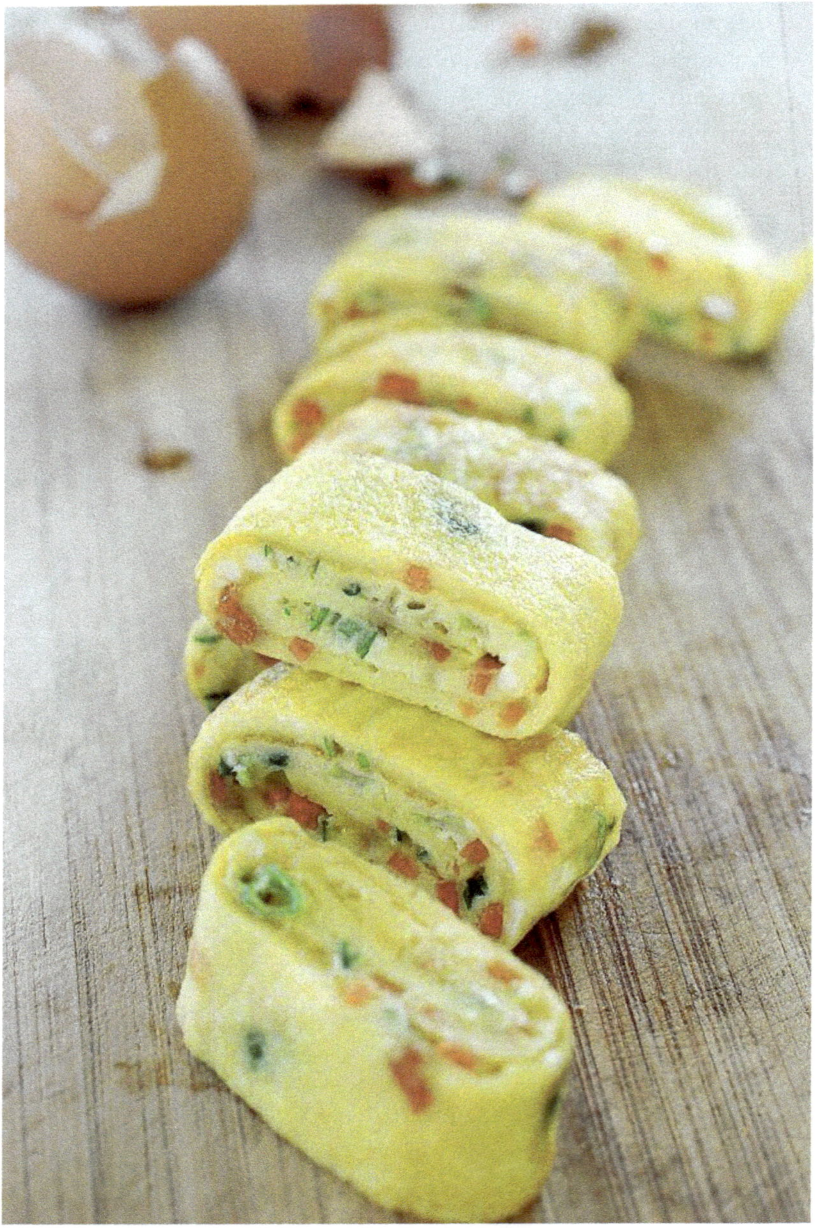

8. Huevo Foo Yung con Camarones

- ½ taza de brotes de frijol mungo
- 4 guisantes de nieve
- ¼ de pimiento rojo
- 2 a 4 cucharadas de aceite
- 1 gorro de hongo ostra, en rodajas finas
- 1 o 2 champiñones, en rodajas finas
- 6 huevos
- ¼ de cucharadita de sal
- ⅛ cucharadita de pimienta
- 1 cucharada de salsa de ostras
- 1 cebolla verde, cortada en trozos de 1 pulgada
- 6 onzas de camarones cocidos, pelados y desvenados

Escaldar los brotes de soja y los guisantes de nieve sumergiéndolos brevemente en agua hirviendo y retirándolos rápidamente. Escurrir bien.

Retire las semillas del pimiento rojo y córtelo en rodajas finas de aproximadamente 1 pulgada de largo. Pica los guisantes. Agregue ½ cucharada de aceite a un wok o sartén precalentado. Cuando el aceite esté caliente, saltee las rodajas de hongo ostra brevemente, hasta que se derrumben. (También puede saltear los champiñones o dejarlos crudos). Retirar del wok y reservar.

Batir ligeramente los huevos. Agregue la sal, la pimienta y la salsa de ostras. Incorpora las verduras y los camarones cocidos.

Agregue 2 cucharadas de aceite a un wok o sartén precalentado. Cuando el aceite esté caliente, agregue una cuarta parte de la mezcla de huevo. Cocine hasta que el fondo esté cocido, luego dé la vuelta y cocine el otro lado. Continúe con el resto de la mezcla de huevo, agregando más aceite si es necesario, haciendo 4 tortillas. Disfrútelo como está o sírvalo con salsa Egg Foo Yung Hoisin

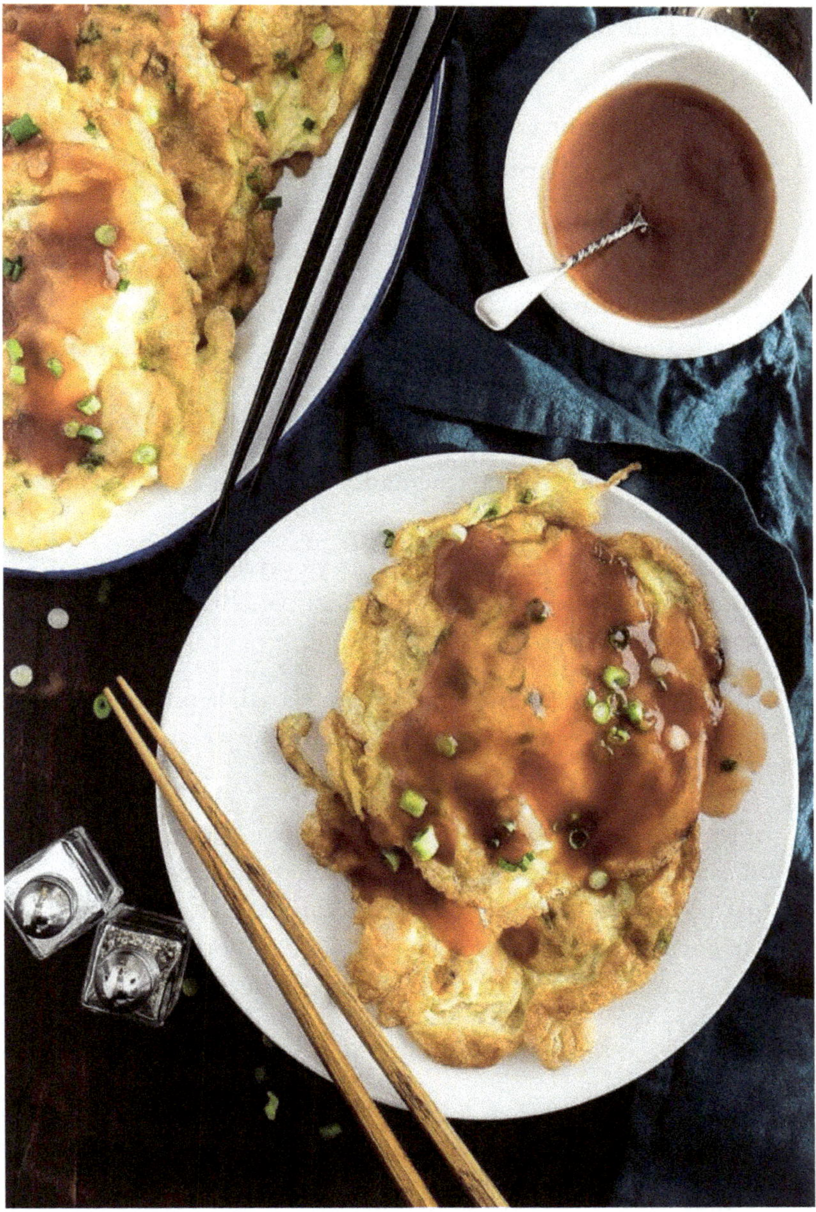

9. Huevo Veggie Foo Yung

- ½ pimiento rojo
- 1 taza de brotes de frijol mungo
- 6 huevos
- ¼ de cucharadita de sal
- ⅛ cucharadita de pimienta
- 1 cucharadita de vino de arroz chino o jerez seco
- 4 champiñones, en rodajas finas
- 1 cebolla verde, finamente rebanada
- 1 cubo de tofu fermentado, triturado
- 2 a 4 cucharadas de aceite

Retire las semillas del pimiento rojo y córtelo en trozos. Escaldar los brotes de soja sumergiéndolos brevemente en agua hirviendo y escurrir.

Batir ligeramente los huevos. Agregue la sal, la pimienta y el vino de arroz Konjac. Agregue las verduras y el puré de tofu. Mezclar bien.

Agregue 2 cucharadas de aceite a un wok o sartén precalentado. Cuando el aceite esté caliente, agregue una cuarta parte de la mezcla de huevo. Cocine hasta que el fondo esté cocido, luego dé la vuelta a la tortilla y cocine el otro lado. Continúe con el resto de la mezcla, haciendo 4 tortillas. Atender

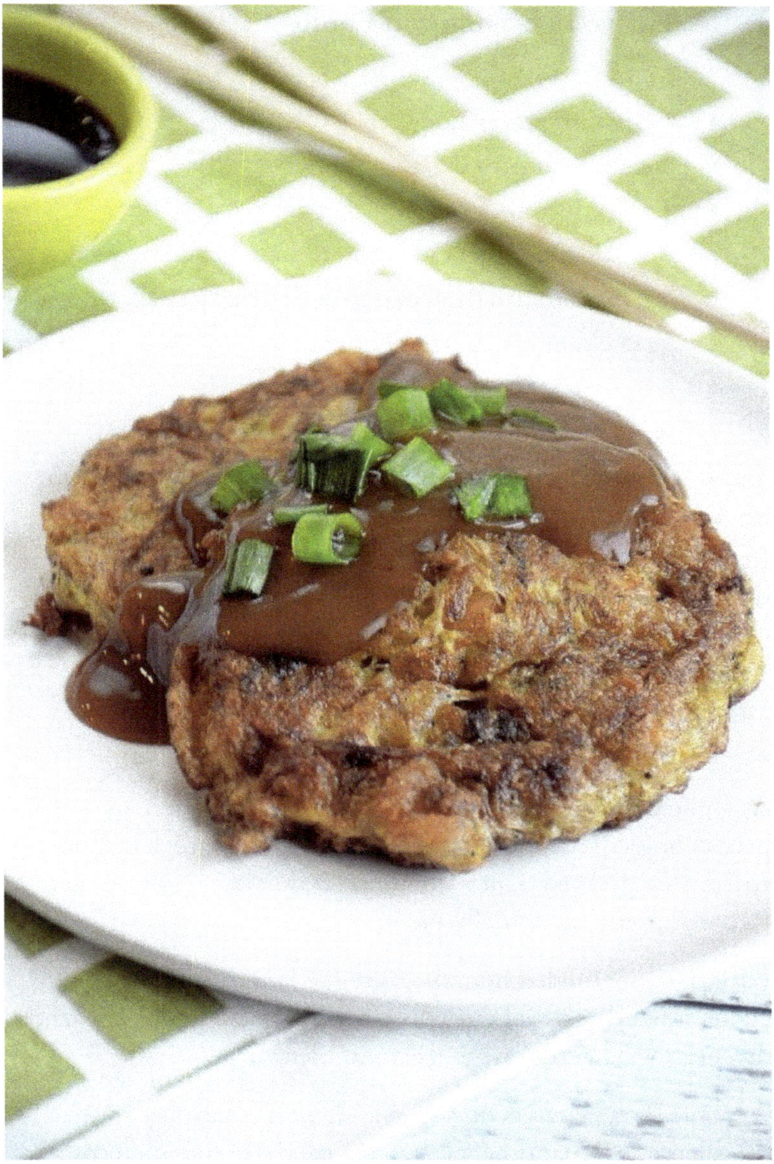

10. Huevo Foo Yung con Cerdo

- ¼ de pimiento rojo
- ⅔ taza de brotes de frijol mungo
- 1 tallo de apio
- 1 taza de cerdo cocido, cortado en trozos pequeños
- 4-6 cucharadas de aceite para sofreír
- ½ cucharadita de sal, dividida
- 6 huevos
- ⅛ cucharadita de pimienta
- 1 cucharadita de vino de arroz chino o jerez seco
- 4 tapones de champiñones, en rodajas finas

Retire las semillas del pimiento rojo y córtelo en rodajas finas de aproximadamente 1 pulgada de largo. Escaldar los brotes de soja sumergiéndolos brevemente en agua hirviendo. Blanquear el apio sumergiéndolo en el agua hirviendo y hirviendo durante 2-3 minutos. Escurre bien las verduras escaldadas. Corta el apio en rodajas finas en diagonal.

Agregue 2 cucharaditas de aceite a un wok o sartén precalentado. Cuando el aceite esté caliente, agrega el apio y sofríe a fuego medio alto. Agregue ¼ de cucharadita de sal. Retire el apio cocido del wok.

Batir ligeramente los huevos. Agregue la pimienta, ¼ de cucharadita de sal y el vino de arroz Konjac. Agrega la carne de cerdo y las verduras, mezclando bien.

Agregue 2 cucharadas de aceite a un wok o sartén precalentado. Cuando el aceite esté caliente, agregue un sexto de la mezcla de huevo. Cocine hasta que el fondo esté cocido, luego dé la vuelta y cocine el otro lado. Continúe con el resto de la mezcla de huevo, haciendo 6 tortillas. Agregue más aceite mientras cocina según sea necesario. Sirva con salsa foo yung de huevo o salsa de soja.

11. Comida de huevo Yung con salchicha china

- ¼ de pimiento rojo
- ½ taza de brotes de soja
- 3 salchichas chinas, cortadas en trozos pequeños
- 4-6 cucharadas de aceite para sofreír
- 1 hoja de col, rallada
- ½ cucharadita de sal, dividida
- 6 huevos
- ⅛ cucharadita de pimienta
- 1 cucharadita de vino de arroz chino o jerez seco
- 4 tapones de champiñones, en rodajas finas

Retire las semillas del pimiento rojo y córtelo en rodajas finas de aproximadamente 1 pulgada de largo. Escaldar los brotes de soja sumergiéndolos brevemente en agua hirviendo. Escurrir bien.

Agregue 2 cucharadas de aceite a un wok o sartén precalentado. Cuando el aceite esté caliente, agrega el repollo y sofríe a fuego medio-alto. Agregue ¼ de cucharadita de sal. Retirar del wok.

Batir ligeramente los huevos. Agregue la pimienta, ¼ de cucharadita de sal y el vino de arroz Konjac. Agrega la salchicha y las verduras, mezclando bien.

Agregue 2 cucharadas de aceite a un wok o sartén precalentado. Cuando el aceite esté caliente, agregue ⅙ de la mezcla de huevo. Cocine hasta que el fondo esté cocido, luego dé la vuelta y cocine el otro lado. Continúe con el resto de la mezcla de huevo, haciendo 6 tortillas. Agregue más aceite mientras cocina según sea necesario. Sirva con salsa foo yung de huevo o salsa de soja.

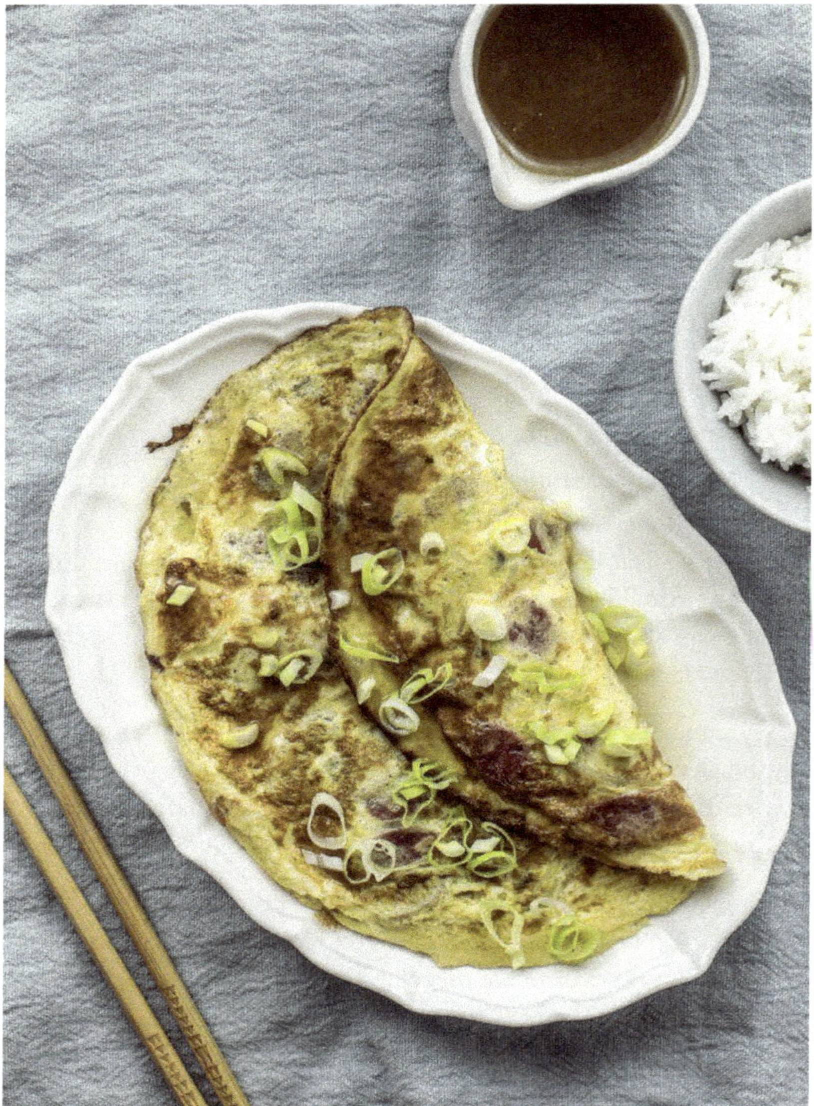

12. Salsa de huevo Foo Yung Hoisin

- 1 cucharada de salsa de ostras
- 2 cucharaditas de salsa hoisin
- 1 cucharadita de vino de arroz chino o jerez seco
- 2 cucharadas de agua
- 1 cucharadita de maicena mezclada con 4 cucharaditas de agua

Hierva la salsa de ostras, la salsa hoisin, el vino de arroz Konjac y el agua. Agregue la mezcla de maicena y agua y revuelva vigorosamente para espesar. Sirva con huevo foo yung.

Rinde ½ taza

Esta salsa robusta combina bien con platos de tortilla que contienen carne, como Egg Foo Yung con cerdo.

170

13. Salsa de huevo Foo Yung con caldo de res

- ½ taza de caldo de res
- ¼ de cucharadita de aceite de sésamo
- 1 cucharada de maicena mezclada con 4 cucharadas de agua

iii) Llevar a ebullición el caldo de res y el aceite de sésamo.
jjj) Agregue la mezcla de maicena y agua, revolviendo vigorosamente. Sirva con huevo foo yung.

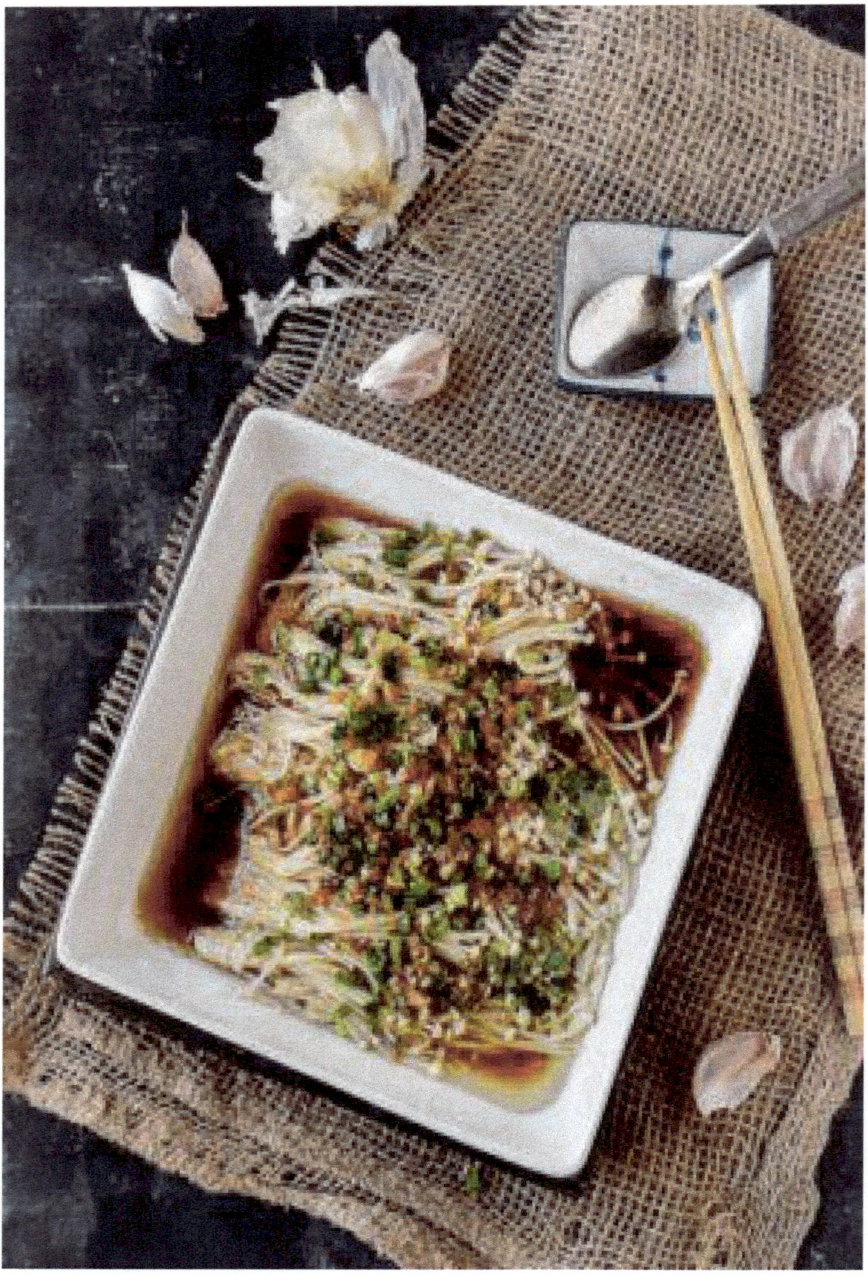

14. Huevos cocidos en rojo keto

- 6 huevos
- 1/2 taza de salsa de soja oscura
- 1/2 taza de caldo de pollo
- 1 cucharadita de aceite de sésamo
- Salsa hoisin
- salsa de ostras

a) En una olla, cubra los huevos con agua fría; deje hervir, luego cocine a fuego lento durante 15 minutos. Retirar del fuego, enfriar los huevos con agua corriente fría y pelarlos. En una sartén, combine la salsa de soja marrón, el caldo de pollo y el aceite de sésamo. Calentar la mezcla. Agrega los huevos.
b) Cocine a fuego lento, cubierto durante 1 hora. El líquido debe cubrir los huevos, pero si no lo hace, rocíe con frecuencia. Apaga el fuego y deja reposar los huevos en el líquido una hora más, volteándolos de vez en cuando, para asegurar una coloración uniforme.
c) Sirva cortado en mitades o cuartos, con salsa para mojar. Rinde de 6 a 8 porciones de aperitivo.
d) SALSA PARA INMERSAR: En un tazón, combine partes iguales de la salsa hoisin y la salsa de ostras.

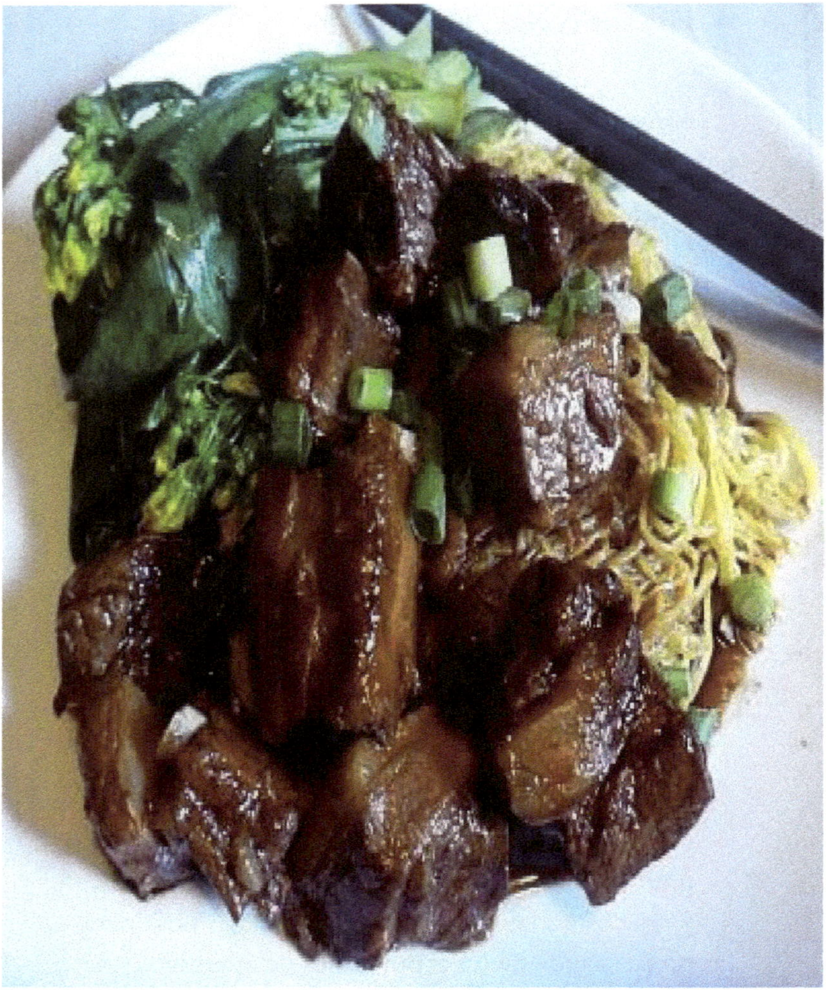

15. Salsa de pollo Egg Foo Yung

- ½ taza de caldo o caldo de pollo
- 1 cucharada de salsa de soja
- 1 cucharada de vino de arroz chino o jerez seco
- ¼ de cucharadita de aceite de sésamo
- Una pizca de pimienta negra recién molida

e) Combine todos los ingredientes y deje hervir. Sirva con huevo foo yung.
f) Para una salsa más espesa, agregue 1 cucharadita de maicena mezclada con 4 cucharaditas de agua. Vierta la salsa sobre el huevo foo yung o sírvala por separado.

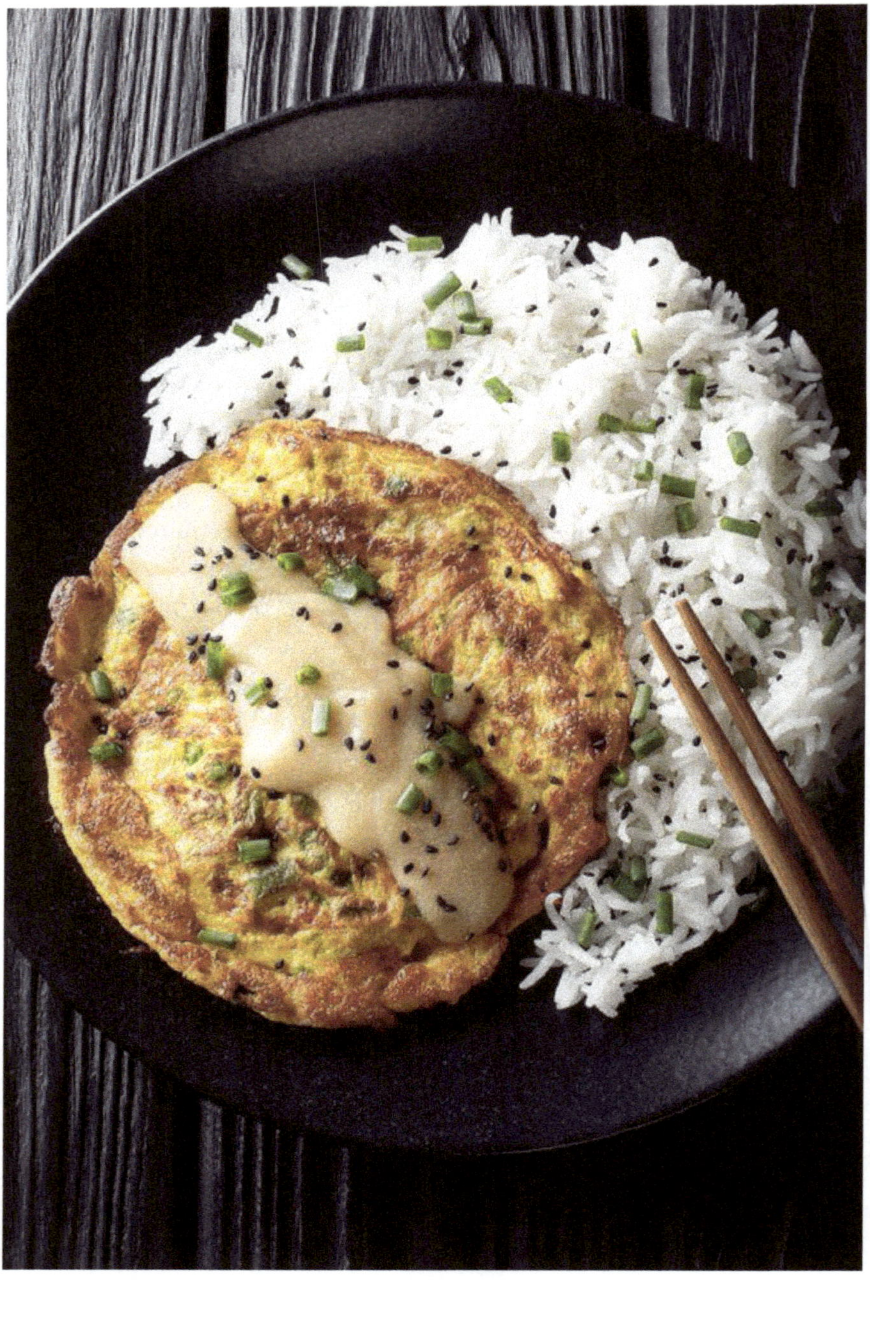

16. Huevos envueltos en col rizada

Ingredientes:

- Tres cucharadas de crema espesa
- Cuatro huevos duros
- ¼ de cucharadita de pimienta
- Cuatro hojas de col rizada
- Cuatro lonchas de prosciutto
- ¼ de cucharadita de sal
- 1 ½ tazas de agua

a) Pelar los huevos y envolver cada uno con la col rizada. Envuélvalos en las rodajas de jamón serrano y espolvoree con pimienta negra molida y sal.
b) Coloca Instant Pot sobre una plataforma seca en tu cocina. Abra su tapa superior y enciéndalo.
c) En la olla, vierta agua. Coloca un salvamanteles o una canasta de vapor en el interior que viene con Instant Pot. Ahora coloque / coloque los huevos sobre el salvamanteles / canasta.
d) Cierre la tapa para crear una cámara cerrada; asegúrese de que la válvula de seguridad esté en posición de bloqueo.
e) Busque y presione la función de cocción "MANUAL"; temporizador a 5 minutos con el modo de presión "ALTA" predeterminado.
f) Deje que la presión aumente para cocinar los ingredientes.

g) Después de que termine el tiempo de cocción, presione el ajuste "CANCELAR". Busque y presione la función de cocción "QPR". Este ajuste es para una rápida liberación de la presión interior.

h) Abra lentamente la tapa, saque la receta cocida en platos para servir o tazones para servir y disfrute de la receta cetogénica.

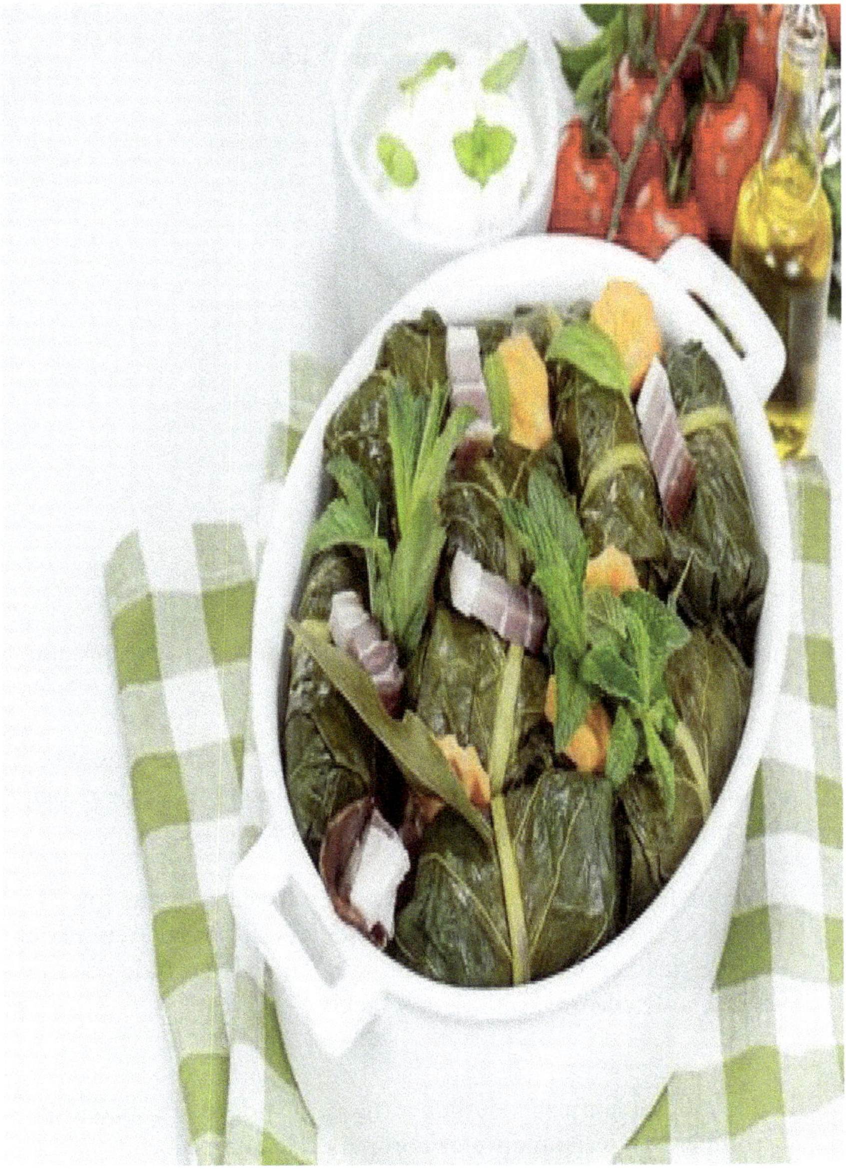

17. Bocaditos de huevo Sous Vide

Ingredientes:

- Sal - 1/2 cucharadita
- Huevos - 4
- Rebanadas de tocino, picado - 4
- Queso parmesano rallado - 3/4 taza
- Requesón, rallado - 1/2 taza
- Crema espesa - 1/4 taza
- Agua - 1 taza

Encienda la olla instantánea, presione el botón 'saltear / hervir a fuego lento', espere hasta que esté caliente y agregue el tocino.

Cocine el tocino picado por 5 minutos o más hasta que esté crujiente, transfiéralo a un plato forrado con toallas de papel, déjelo reposar por 5 minutos y luego desmenúcelo.

Casque los huevos en un bol, sazone con sal, agregue los quesos y la crema y mezcle hasta que quede suave. Repartir el tocino desmenuzado uniformemente entre los moldes de una bandeja de silicona, untado con aceite,

luego vierta la mezcla de huevo hasta 3/4 de su capacidad y cubra la bandeja sin apretar con papel de aluminio.

Presione el botón 'mantener caliente', vierta agua en la olla instantánea, luego inserte el soporte del salvamanteles y coloque la bandeja de silicona sobre él.

Cierre la olla instantánea con su tapa en la posición sellada, luego presione el botón 'vapor', presione '+/-' para configurar el tiempo de cocción en 8 minutos y cocine a alta presión; cuando aumenta la presión en la olla, se pone en marcha el temporizador de cocción.

Cuando suene la olla instantánea, presione el botón 'mantener caliente', libere la presión de forma natural durante 10 minutos, luego libere la presión rápidamente y abra la tapa. Saca la bandeja, destapa y voltea la sartén sobre un plato para sacar las picaduras de huevo.

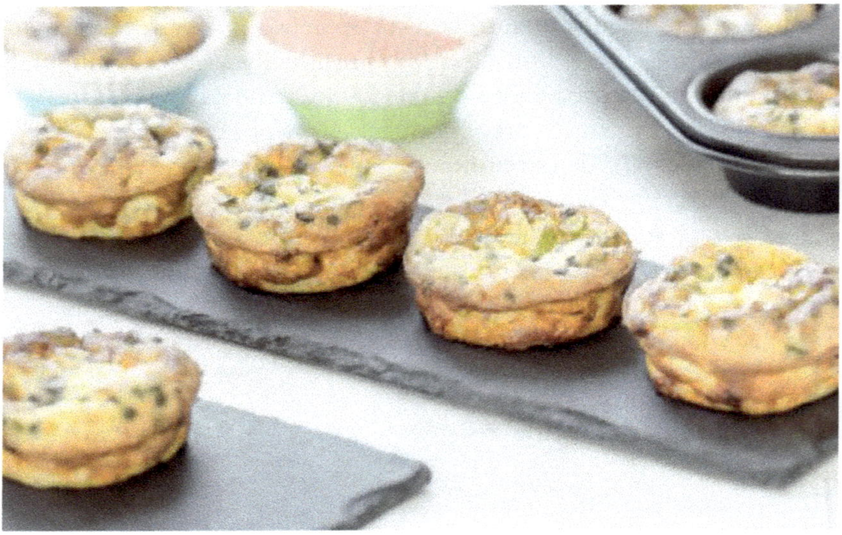

18. Huevos revueltos

Ingredientes:

- Sal - 1/4 cucharadita
- Pimienta negra molida - 1/4 cucharadita
- Mantequilla sin sal - ½ cucharada
- Leche de almendras, sin azúcar, entera - 1 cucharada
- Huevos - 2
- Agua - 1 taza

Tome un recipiente resistente al calor que quepa en la olla instantánea, engrase con aceite de aguacate y rompa los huevos en él.

Sazone los huevos con sal y pimienta negra, vierta la leche, bata hasta que se mezclen y luego agregue la mantequilla.

Encienda la olla instantánea, vierta agua, inserte el soporte del salvamanteles y coloque el recipiente sobre él.

Cierre la olla instantánea con su tapa en la posición sellada, luego presione el botón 'manual', presione '+/-' para configurar el tiempo de cocción en 7 minutos y cocine a baja presión; cuando aumenta la presión en la olla, se pone en marcha el temporizador de cocción.

Cuando suene la olla instantánea, presione el botón 'mantener caliente', libere rápidamente la presión y abra la tapa.

Saque el bol, revuelva los huevos con un tenedor para comprobar si están bien cocidos; cocine por un minuto más si los huevos están poco cocidos.

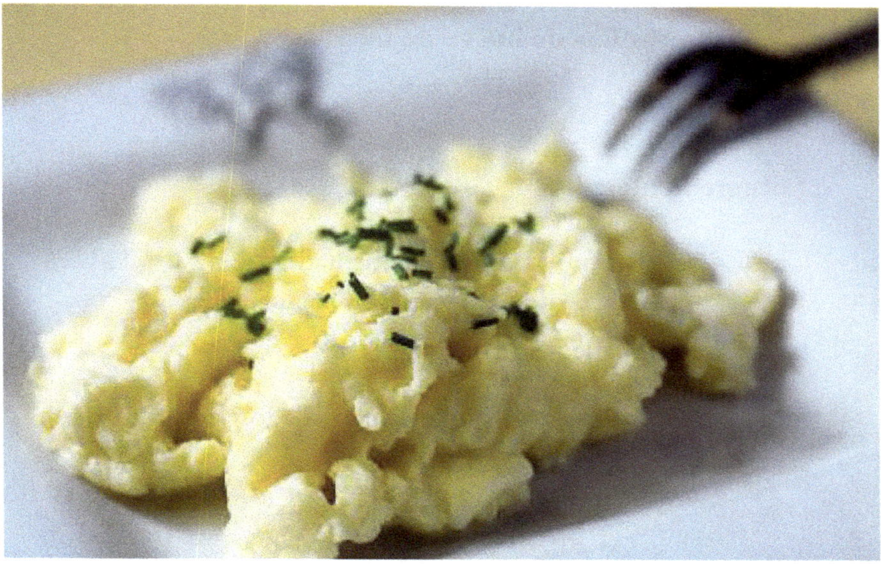

19. Muffins de huevo de taco

Ingredientes:

- Carne molida de res, alimentada con pasto - ½ libra
- Condimento para tacos - 1 ½ cucharada
- Mantequilla salada, derretida - 1 cucharada
- Huevos orgánicos - 3
- Mezcla de queso mexicano, rallado y con toda la grasa - 3 onzas
- Salsa de tomate, orgánica - ½ taza

Direcciones:

Ponga el horno a 350 grados F y precaliente.

Mientras tanto, coloque una sartén a fuego medio, engrase con aceite y cuando esté caliente, agregue la carne molida y cocine por 7 minutos o más hasta que esté casi cocida.

Sazone la carne con el condimento para tacos y cocine de 3 a 5 minutos o hasta que esté bien cocida, luego retire la sartén del fuego.

Romper los huevos en un tazón, batir hasta que estén batidos, luego agregar la carne de taco cocida junto con 2 onzas de queso mexicano y batir hasta que estén bien combinados.

Tome un molde para muffins de 32 tazas o moldes para muffins de silicona forrados con pergamino, engrase cada taza con mantequilla derretida, luego llénela uniformemente con la mezcla de taco y cubra con el queso restante. Coloque el molde para muffins en el horno y hornee por 20 minutos o hasta que los muffins estén bien cocidos y la parte superior esté bien dorada.

Cuando esté listo, deje enfriar los muffins en la sartén durante 10 minutos, luego sáquelos y enfríe en una rejilla.

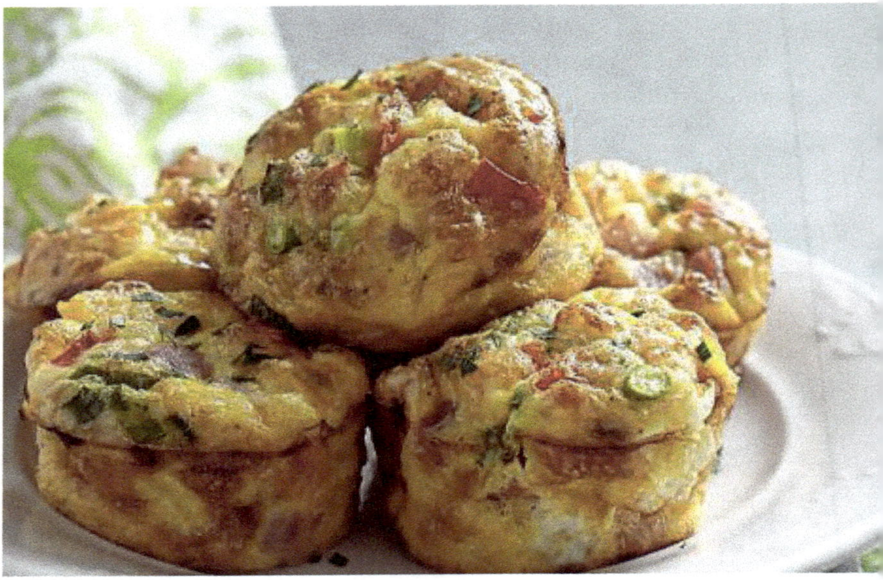

20. Huevos rellenos

Ingredientes:

- Huevos orgánicos - 12
- Sal - ½ cucharadita
- Pimienta negra molida - ½ cucharadita
- Pimentón ahumado - ½ cucharadita
- Mostaza de Dijon - 1 cucharada
- Mayonesa, entera - ¾ taza
- Agua - 1 taza

a) Encienda la olla instantánea, vierta agua, inserte la rejilla de vapor y coloque los huevos en ella

b) Cierre la olla instantánea con su tapa, sellada completamente, presione el botón manual y cocine los huevos durante 5 minutos a alta presión.

c) Cuando termine, deje que la presión se libere naturalmente durante 5 minutos, luego libere la presión rápidamente y abra la olla instantánea.

d) Transfiera los huevos a un tazón grande que contenga agua helada durante 5 minutos, luego pélelos y corte cada huevo por la mitad.

e) Transfiera la yema de cada huevo a un tazón, agregue la mostaza y la mayonesa, sazone con sal y pimienta negra y revuelva hasta que se mezcle.

f) Vierta el relleno de yema en las cáscaras de clara de huevo y luego espolvoree con pimentón.

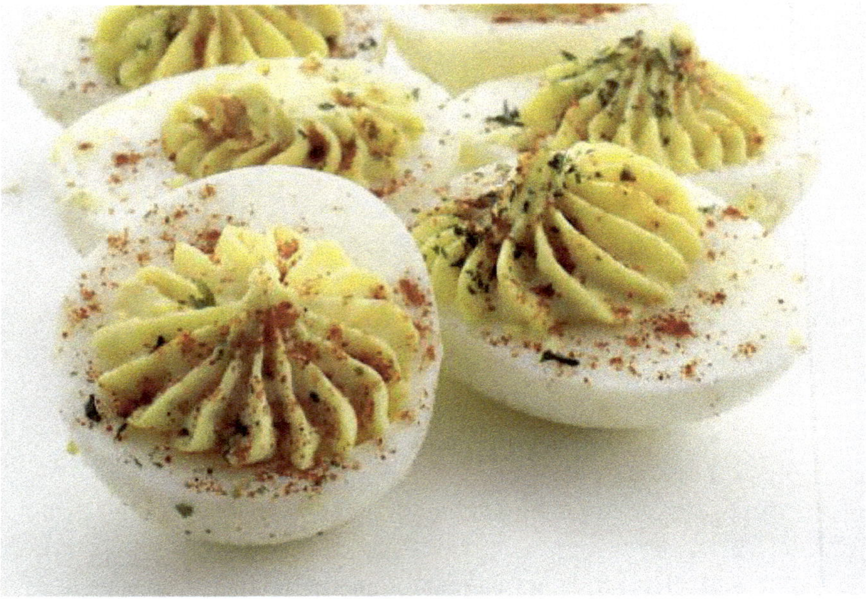

21. Frittata de espinacas y pimiento rojo

Ingredientes:

- Huevos - 8
- Crema batida espesa - 1/3 taza
- Queso cheddar rallado - 1/2 taza
- Pimiento rojo cortado en cubitos - 1/4 taza
- Cebolla roja picada - 1/4 taza
- Espinaca picada - 1/2 taza
- Sal marina - 1 cucharadita
- Chile rojo en polvo - 1 cucharadita
- Pimienta negra molida - 1/8 cucharadita
- Agua - 1 taza
- Aguacate, pelado, sin hueso y en rodajas - 1
- Crema agria - 1/2 taza

Romper los huevos en un tazón, agregar la crema y batir hasta que estén batidos y esponjosos.

Agregue los ingredientes restantes, excepto el agua, el aguacate y la crema agria, revuelva bien hasta que se incorporen y luego vierta la mezcla en una fuente para hornear de 7 pulgadas engrasada con aceite de aguacate.

Encienda la olla instantánea, vierta agua en ella, inserte un soporte de salvamanteles y coloque una fuente para hornear sobre ella.

Cierre la olla instantánea con su tapa en la posición sellada, luego presione el botón 'manual', presione '+/-' para establecer el tiempo de cocción en 12 minutos y cocine a alta presión; cuando aumenta la presión en la olla, se pone en marcha el temporizador de cocción.

Cuando suene la olla instantánea, presione el botón 'mantener caliente', libere la presión de forma natural durante 10 minutos, luego libere la presión rápidamente y abra la tapa.

Saque la fuente para hornear y saque la frittata invirtiendo la fuente en un plato y córtela en rodajas.

Sirva de inmediato.

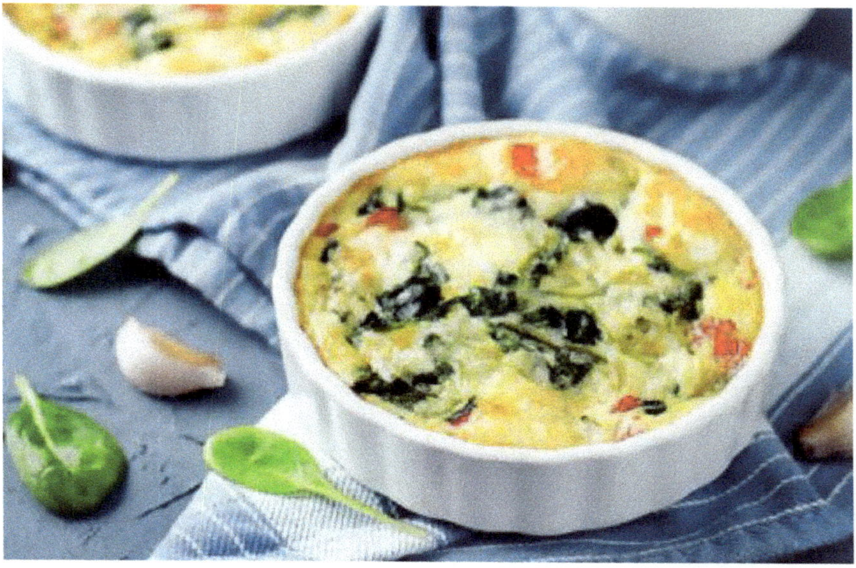

VERDURAS CHNESAS

22. Keto Ma Po

- 1/2 taza de caldo de verduras
- 1/3 taza de salsa hoisin
- 1 cucharada de vino de arroz Konjac / jerez seco
- 1/3 taza de salsa de tomate
- 1/2 cucharadita de salsa picante 1 cucharada de aceite de sésamo
- 1 cucharada de aceite vegetal
- 3 dientes de ajo picados
- 1 libra de tofu firme, cortado en cubos de 1/2 "
- 2 tazas de brotes de frijol mungo
- 1 cucharada de maicena mezclada con 2 cucharadas de agua
- 2 cebollas verdes, rebanadas

i) En un tazón pequeño, combine el caldo, la salsa hoisin, el vino de arroz o jerez, la salsa de tomate y la salsa picante. Dejar de lado.

j) Coloque un wok a fuego alto, cuando esté caliente, agregue aceite vegetal. Agregue el ajo y revuelva durante 5 segundos. Agregue el tofu y saltee durante 2 minutos. Agregue la salsa reservada y cocine 1 minuto. Agregue los brotes de soja y cocine un minuto más. Agregue la maicena disuelta y revuelva hasta que la salsa espese.

k) Sirva sobre fideos mezclados con aceite de sésamo o sobre arroz Konjac al vapor o arroz de coliflor. Decorar con cebollas

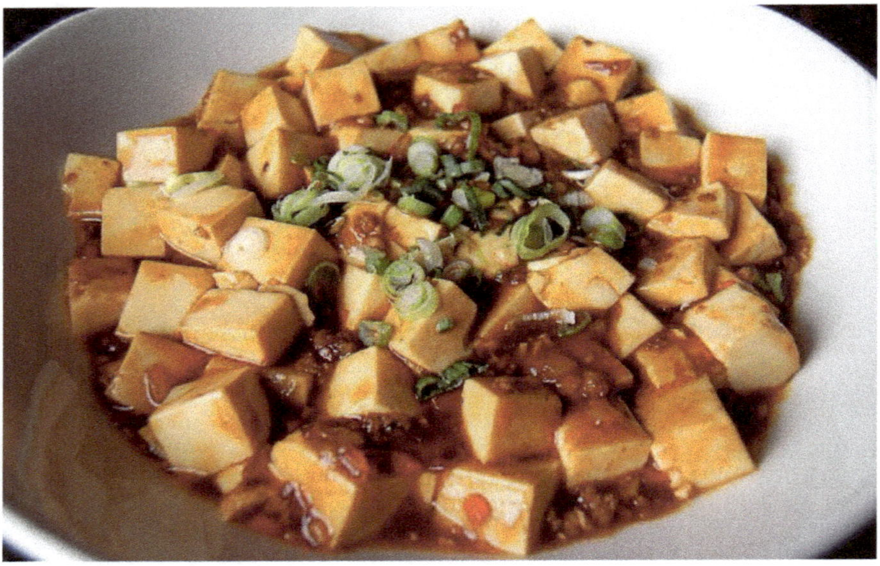

23. Arroz konjac pegajoso en hojas de col

- 1 taza de arroz Konjac de grano corto (pegajoso) o arroz de coliflor
- 4 hojas grandes de repollo
- 4 champiñones secos Y 4 salchichas chinas
- 2 cucharadas de salsa de ostras
- 2 cucharadas de vino de arroz chino o jerez seco
- 2 cucharadas de caldo o caldo de pollo
- 2 cucharadas de aceite para sofreír
- 1 diente de ajo finamente picado
- 2 rodajas de jengibre finamente picado
- 2 cebollas verdes, finamente picadas

Cubra el arroz Konjac pegajoso en agua tibia y déjelo en remojo durante al menos 2 horas, preferiblemente durante la noche. Escurrir bien. En una cacerola mediana, hierva el arroz Konjac pegajoso y 2 tazas de agua. Cocine a fuego lento, tapado, durante 20 minutos o hasta que el arroz Konjac esté cocido. Retirar del elemento y dejar enfriar durante 15 minutos. Esponja el arroz Konjac antes de sacarlo de la olla. Divida el arroz Konjac en 4 porciones iguales y reserve.

Escaldar las hojas de col en agua hirviendo. Escurrir bien. Remoje los champiñones secos en agua caliente durante al menos 20 minutos para que se ablanden. Escúrrelos apretándolos suavemente para eliminar el exceso de agua. Cortar en rodajas finas. Pica las salchichas chinas en trozos pequeños. Combine la salsa de ostras, el vino de arroz Konjac y el caldo de pollo. Agregue el aceite a un wok o sartén precalentado. Cuando el aceite esté caliente, agregue el ajo y el jengibre. Sofreír brevemente hasta que esté aromático. Agrega la salchicha. Sofreír durante unos 2 minutos, luego agregar los champiñones. Agrega la cebolla verde. Hacer un hueco en el medio del wok y agregar la salsa hasta que hierva. Mezclar todo junto, luego retirar del fuego y dejar enfriar.

Divide el relleno en 4 porciones iguales. Tome una hoja de repollo y agregue una cuarta parte del arroz Konjac y el relleno, colocándolo en capas de modo que haya arroz Konjac en la parte superior e inferior, con el relleno de carne y verduras en el medio. Enrolle la hoja de repollo como en los rollos de repollo. Repita con las 3 hojas de col restantes. Cocine al vapor las envolturas de repollo, tapadas, en un plato resistente al calor en una vaporera de bambú durante 15 minutos, o hasta que estén listas.

24. "Algas marinas" chinas crujientes

- ¼ de libra de bok choy
- ¼ taza de almendras sin blanquear
- ¼ de cucharadita de sal
- 2 tazas de aceite para freír

Lavar el bok choy y escurrir bien. Mientras se seca el bok choy, tritura las almendras sin blanquear en un procesador de alimentos y reserva.

Separe las hojas de bok choy de los tallos. Enrolle las hojas como un cigarro o una salchicha y córtelas en tiras finas. Deseche los tallos o guárdelos para otro plato.

Caliente el wok y agregue aceite. Cuando el aceite se caliente entre 300 ° F y 320 ° F, agregue los trozos de bok choy. Fríelos muy brevemente, hasta que se pongan crujientes pero no se doren. (Esto tomará solo unos segundos). Retirar del wok con una espumadera y escurrir sobre toallas de papel.

Echa la sal sobre las "algas" y agrega las almendras trituradas.

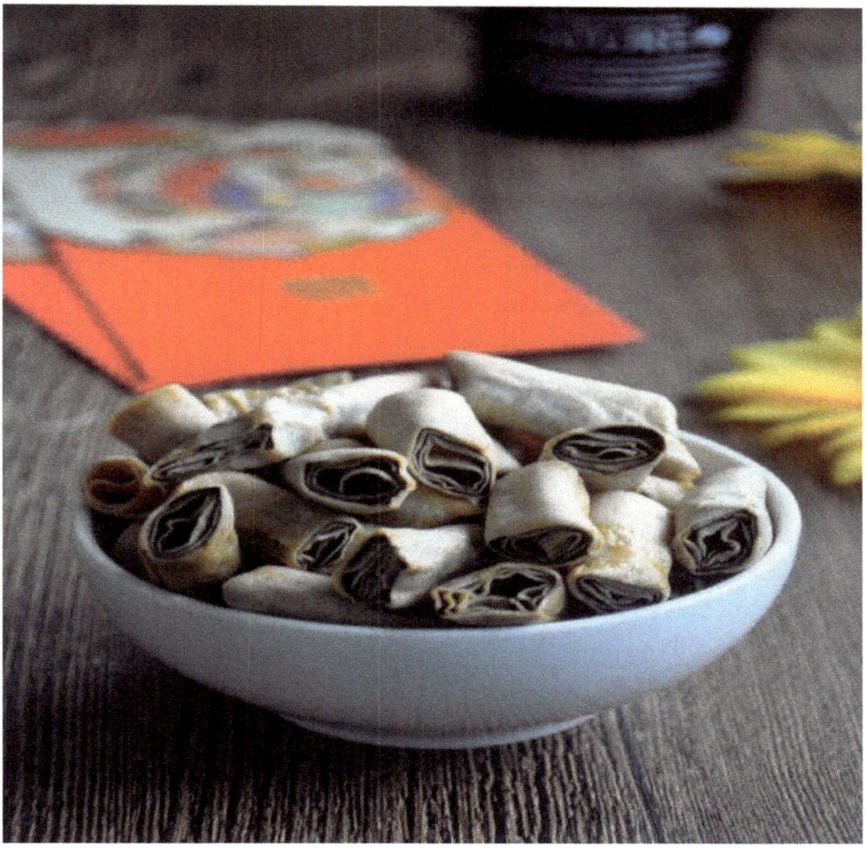

25. Champiñones Keto Fritos

- 20 champiñones frescos
- 1 cucharadita de levadura en polvo
- ¾ taza de harina
- ¼ de cucharadita de sal
- 2 cucharadas de aceite vegetal
- ¾ taza de agua
- ¼ taza de maicena
- 4 tazas de aceite para freír

Limpia los champiñones con un paño húmedo y corta los tallos.

Para hacer la masa: En un tazón mediano, tamice el polvo de hornear con la harina. Agregue la sal y el aceite vegetal, revolviendo. Agregue el agua y revuelva hasta obtener una masa suave. Agregue un poco más de agua si la masa está demasiado seca o harina si está demasiado húmeda. Use una cuchara de madera para probar la masa; debe caer lentamente y poder cubrir la parte posterior de la cuchara.

Espolvorea ligeramente los champiñones con maicena y cúbrelos con la masa con los dedos.

Agregue el aceite a un wok precalentado y caliente a 350 ° F. Cuando el aceite esté listo, agregue unos 5 champiñones a la vez y fríalos hasta que estén dorados. Escurrir sobre toallas de papel. Dejar enfriar y servir.

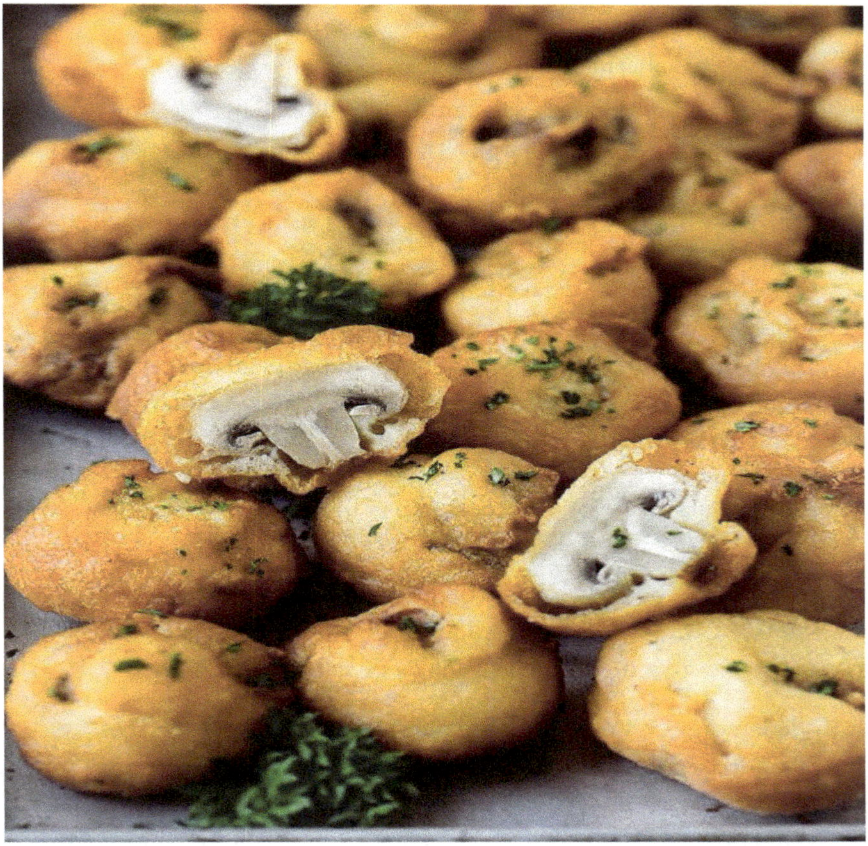

26. Mini panqueques de cebolleta

- 1 taza de harina
- 2½ cucharaditas de sal, cantidad dividida
- ½ taza de agua hirviendo
- 2 cucharaditas de aceite de sésamo
- 4 cebollas verdes, en rodajas finas
- 4-6 cucharadas de aceite para freír

Coloque la harina en un tazón mediano. Tamizar ½ cucharadita de sal en la harina. Agregue una pequeña cantidad de agua hirviendo. Agregue más agua y comience a formar una masa. Añada el resto del agua y mezcle. Cubra la masa con una toalla húmeda y déjela reposar durante 30 minutos.

Amasar la masa hasta que quede suave. Corta la masa por la mitad.

Estire la mitad de la masa hasta que no tenga más de ¼ de pulgada de espesor. Unte 1 cucharadita de aceite de sésamo sobre la masa. Espolvorea con la mitad de las rodajas de cebolla verde.

Enrolle la masa como un rollo de gelatina y córtela en 6 trozos. Toma un trozo de masa cortada, usa tus dedos para alargarla un poco y luego dale forma de L. Empuje hacia abajo en la parte superior de la L con la palma de su mano para formar un círculo. El panqueque debe tener aproximadamente 2 a 3 pulgadas de diámetro. Continuar con el resto de la masa.

Agregue 2 cucharadas de aceite a un wok o sartén precalentado. Agrega la mitad de los panqueques y sofríe hasta que se doren por ambos lados. Espolvorea con el resto de la sal mientras cocinas. Agregue más aceite según sea necesario.

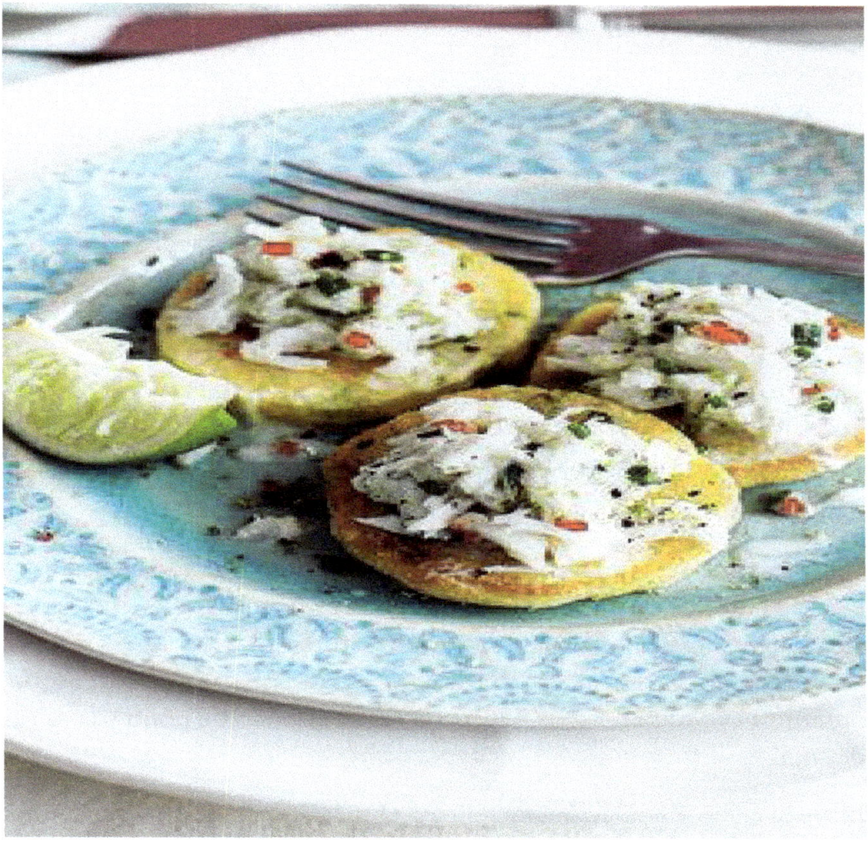

27. Castañas de agua salteadas y brotes de bambú

- 2 cucharadas de aceite para sofreír
- 1 cucharadita de jengibre picado
- 1 lata de 8 onzas de brotes de bambú, enjuagados y escurridos
- ¼ de cucharadita de sal
- 1 lata de castañas de agua, enjuagadas y escurridas
- ½ taza de caldo de pollo
- 1 cucharada de salsa de soja
- 1 cebolla verde, cortada en trozos de 1½ pulgada

Corta las castañas de agua por la mitad.

Agregue el aceite a un wok o sartén precalentado. Cuando el aceite esté caliente, agregue el jengibre. Sofreír brevemente hasta que esté aromático. Agrega los brotes de bambú. Sofreír durante 1 a 2 minutos y agregar la sal. Mezclar y agregar las castañas de agua. Sofría durante 1 o 2 minutos más y luego agregue el caldo de pollo y la salsa de soja.

Lleve el caldo a ebullición, luego baje el fuego y cocine a fuego lento durante unos minutos más, hasta que todo esté bien cocido. Agregue la cebolla verde y sirva.

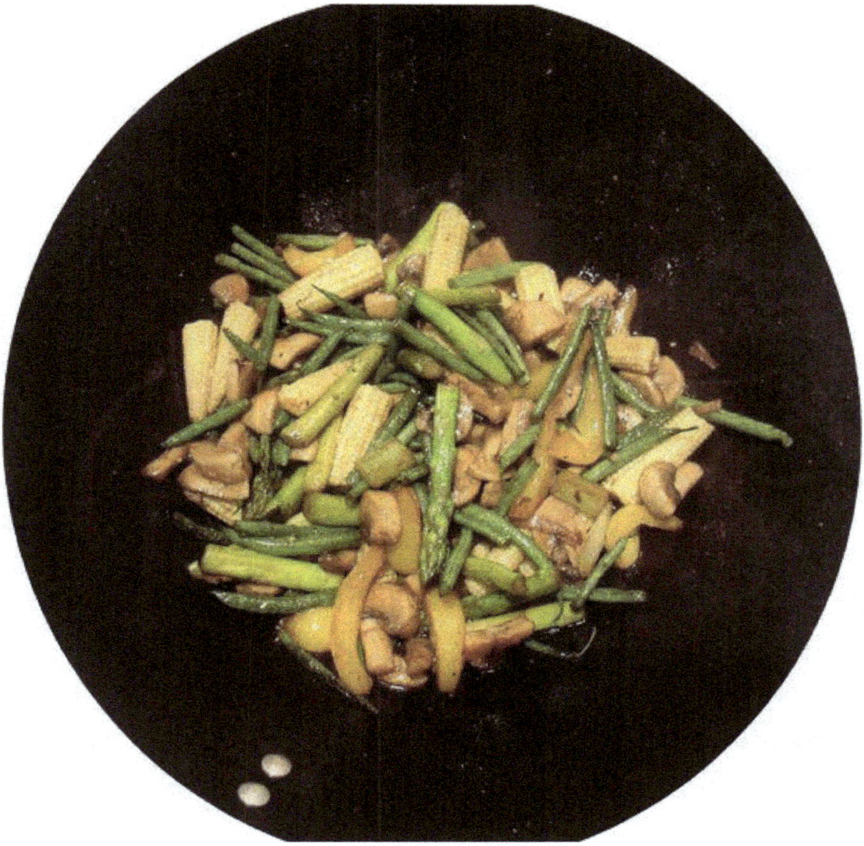

28. Shui Mai

- cucharadas de aceite de maní 1 diente de ajo
- 1 cucharadita de jengibre, picado 1 cebollín, picado
- 1 cebolla, picada en trozos grandes
- 1/2 col pequeña, picada en trozos grandes 2 cucharaditas de salsa de soja fina
- 1/2 cucharadita de aceite de sésamo
- 1 cucharadita de vino de arroz o jerez seco
- 1 cucharadita de maicena se disuelve en 1 cucharadita de agua fría 24 envoltorios de bola de masa, 3 pulgadas de diámetro
- 1/2 taza de chícharos sancochados o congelados
- 10 hojas de lechuga

Coloca un wok a fuego medio-alto. Cuando comience a humear, agregue el aceite, luego el ajo, el jengibre y la cebolleta. Sofreír durante 15 segundos.

Agrega la cebolla y el repollo y sofríe 2 minutos. Agregue la salsa de soja, el aceite de sésamo, el vino de arroz Konjac y la maicena disuelta.

Revuelva constantemente hasta que la salsa espese unos 30 segundos. Retirar el wok del fuego y dejar enfriar.

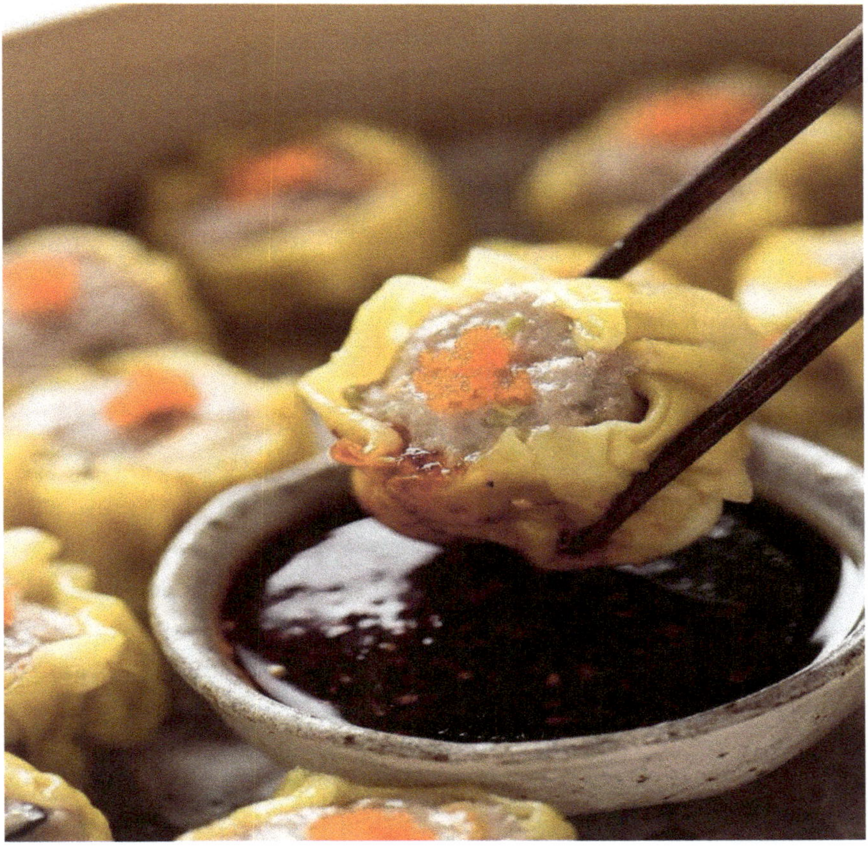

29. Rollitos de primavera sin gluten

Ingredientes:

- cebolla roja
- pollo picado
- ajo
- zanahorias
- frijoles de soja negros
- Papeles de arroz Konjac

Esta lista de recetas de aperitivos no podría estar completa sin algún tipo de rollitos de primavera y estos sabrosos rollitos sin gluten llenan perfectamente ese vacío. También son un excelente refrigerio para las loncheras.

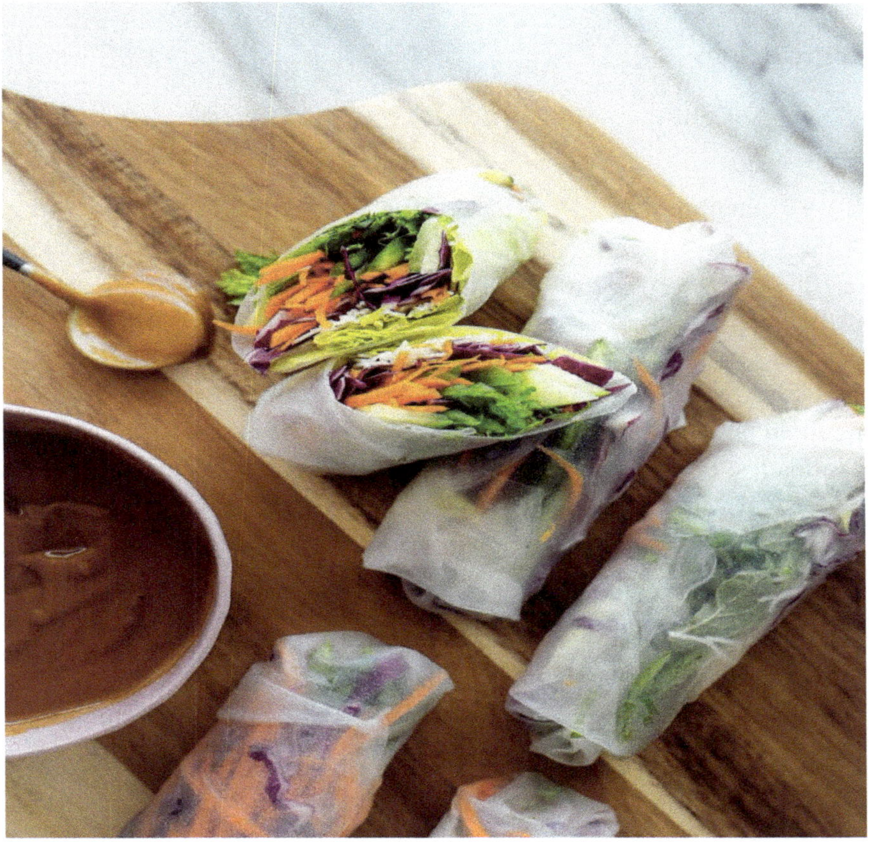

30. Salteado keto de jengibre y ajo Bok Choy

Ingredientes:

- bok choy
- ajo
- jengibre
- sal
- aceite de coco

Bok Choy es un repollo interesante que tiene muchos nombres y también puede ser peligroso cuando se consume en grandes cantidades. Pero no se preocupe; tienes que comer mucho para hacer daño. Este salteado cetogénico es bastante sabroso con ajo y jengibre, pero puede agregar aminoácidos de coco o salsa de soja si aún desea más sabores.

Además de su bajo contenido en calorías y alto contenido de nutrientes, su sabor ligeramente dulce y su textura crujiente lo convierten en un complemento agradable para casi cualquier plato.

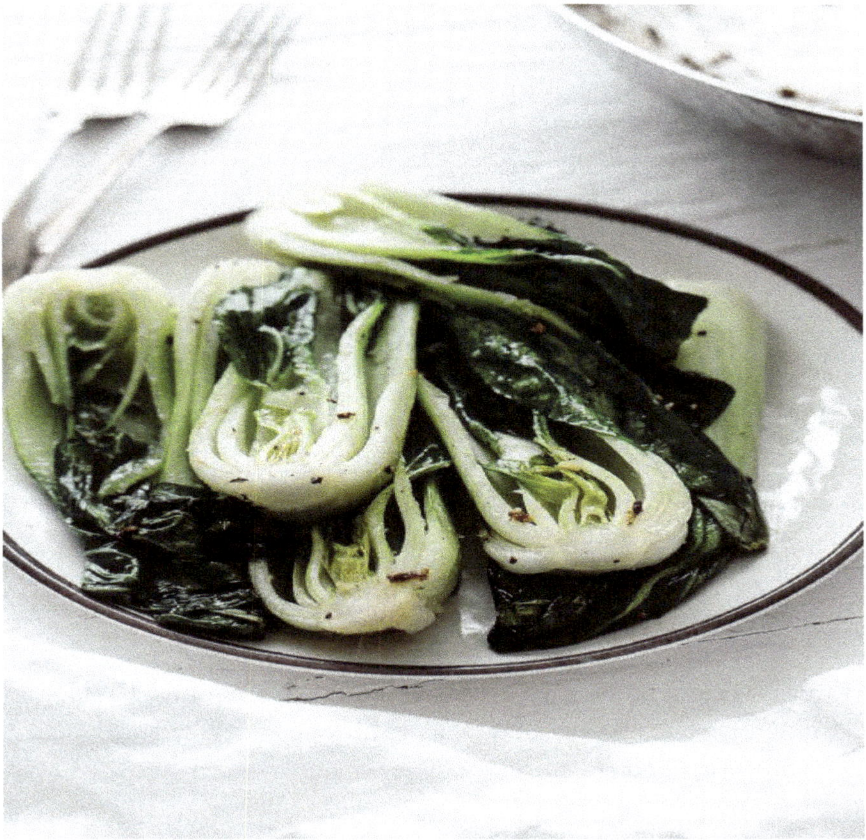

31. Aperitivo de castañas de agua

- 20 castañas de agua dulce
- ½ taza de salsa de soja
- 10 rebanadas de tocino crudo
- 20 palillos de dientes

Pelar las castañas de agua. Enjuagar y escurrir bien. Coloque la salsa de soja en una bolsa de plástico. Agrega las castañas de agua y sella. Deje marinar durante 3 horas, volteando ocasionalmente para cubrir completamente.

Precalienta el horno a 350 ° F. Corta cada rebanada de tocino por la mitad.

Saca las castañas de agua de la bolsa, reservando la marinada. Envuelva una rodaja de tocino alrededor de cada castaña de agua y asegúrela con un palillo.

Hornea las castañas de agua a 350 ° F durante 45 minutos. Pasados 20 minutos, voltea las castañas de agua y vierte la marinada reservada. Continúe horneando.

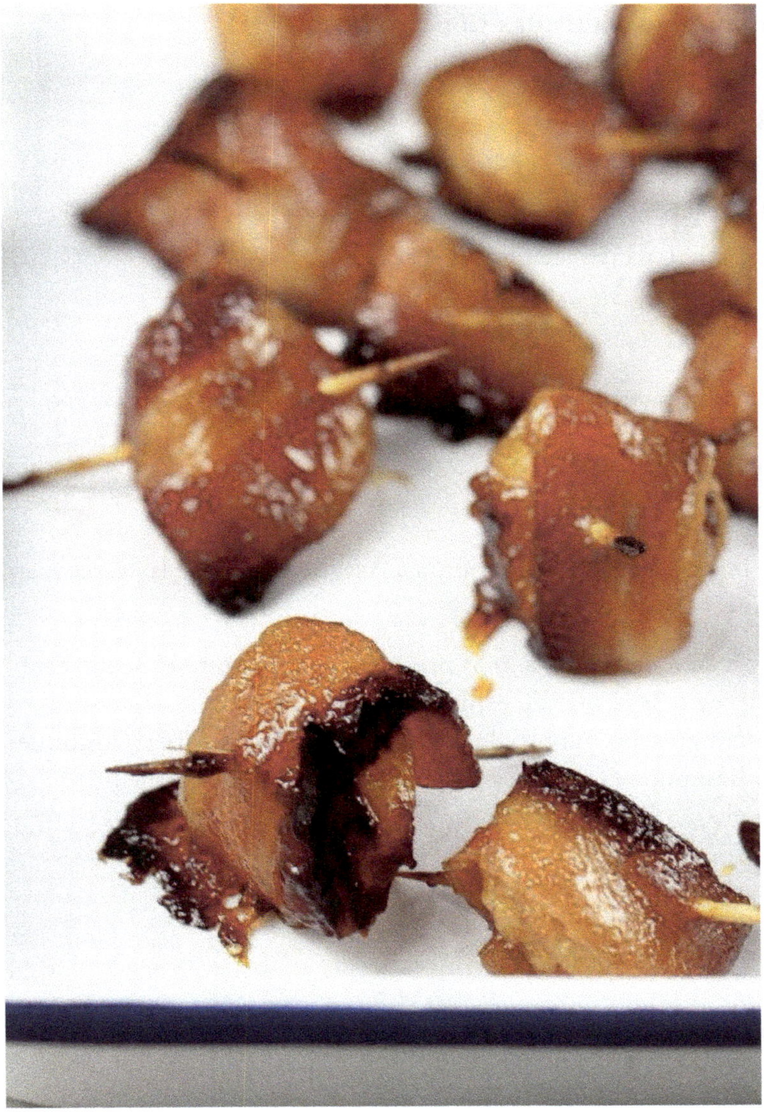

32. Espinacas Salteadas Con Ajo Asado

- 3 dientes de ajo
- ¼ taza de caldo de pollo
- 18 hojas frescas de espinaca
- 1 cucharada de aceite para sofreír
- 1 cucharada de salsa de soja

Comience a preparar el ajo 1 hora antes. Precalienta el horno a 350 ° F. Pelar el ajo y rociar con el caldo de pollo. Hornea 1 hora o hasta que los dientes estén dorados. Fresco. Presione los dientes para soltar el ajo (debe salir fácilmente).

Lavar las espinacas y cortar las puntas. Asegúrate de que las espinacas estén bien escurridas.

Agregue aceite a un wok o sartén precalentado. Cuando el aceite esté caliente, agregue las hojas de espinaca. Sofreír durante aproximadamente un minuto, luego agregar la salsa de soja. Continúe salteando hasta que la espinaca adquiera un color verde brillante. Sirve con el ajo.

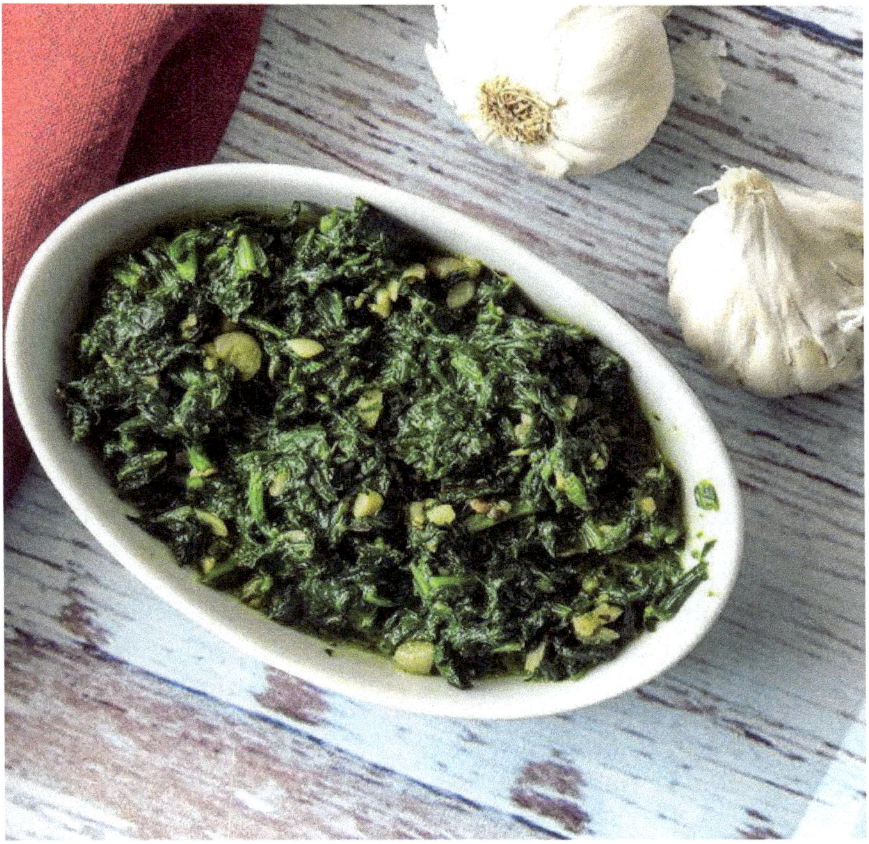

33. Brócoli con Salsa de Ostras

- 1 libra de brócoli
- 2 cucharadas de aceite para sofreír
- 3 cucharaditas de salsa de ostras
- ¼ de taza de agua
- 1 cucharadita de maicena
- 4 cucharaditas de agua

Rompa las flores de brócoli y córtelas por la mitad. Corta las lanzas en diagonal en rodajas finas.

Agregue aceite a una sartén o un wok precalentado. Cuando el aceite esté caliente, agregue el brócoli, agregando primero los tallos y luego las flores.

Agregue la salsa de ostras y ¼ de taza de agua. Tape y cocine unos 3 minutos, o hasta que el brócoli se ponga verde brillante.

Mezcle la maicena y el agua. Destape el wok, haga un hueco en el medio y agregue la mezcla de maicena / agua, revolviendo rápidamente para espesar. Mezclar.

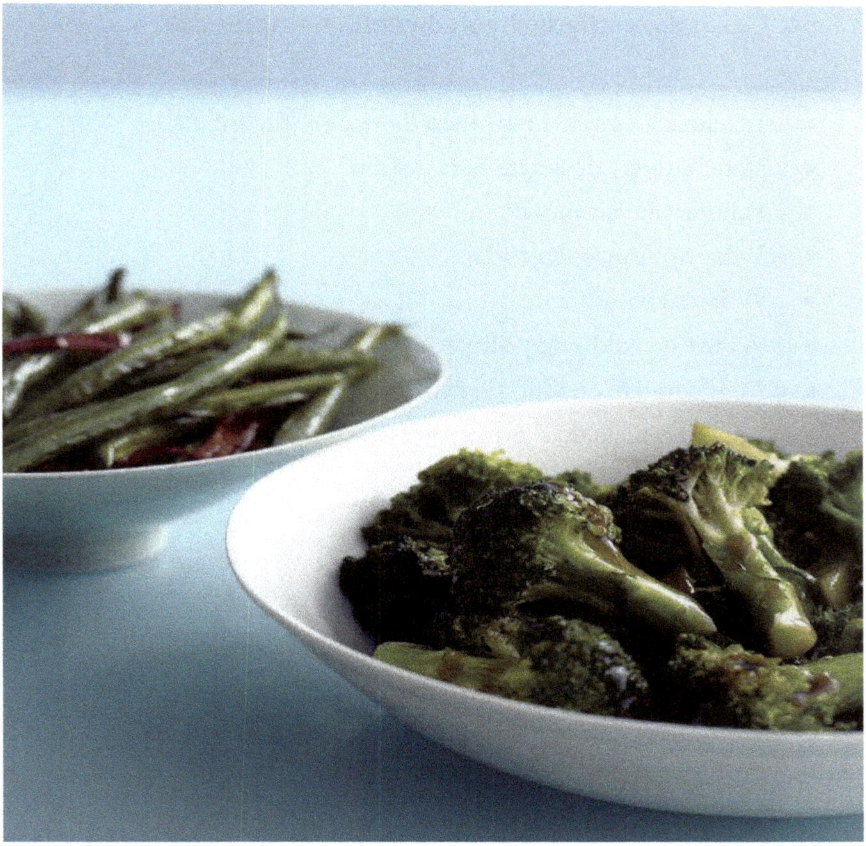

34. Calabaza estriada estofada con champiñones

- 1 calabaza estriada (también llamada luffa angulada)
- 3 cucharadas de aceite para sofreír
- 1 diente de ajo picado
- 5 champiñones, en rodajas
- ¼ de cucharadita de sal
- ¼ taza de caldo de pollo
- 2 cucharadas de vino de arroz chino o jerez seco
- 2 cucharaditas de salsa de soja
- 1 cucharadita de maicena
- 4 cucharaditas de agua

Pelar la calabaza, dejando unas tiras de verde si se desea para añadir un poco de color. Cortar en diagonal en rodajas finas.

Agregue aceite a un wok o sartén precalentado. Cuando el aceite esté caliente, agregue el diente de ajo. Cuando el ajo esté aromático, agregue la calabaza estriada y saltee durante aproximadamente un minuto. Agrega los champiñones y la sal.

Agrega el caldo de pollo y sofríe por un minuto más. Agregue el vino de arroz Konjac, salsa de soja.

Mezcle la maicena y el agua y agregue al medio del wok, revolviendo rápidamente para espesar. Mezclar.

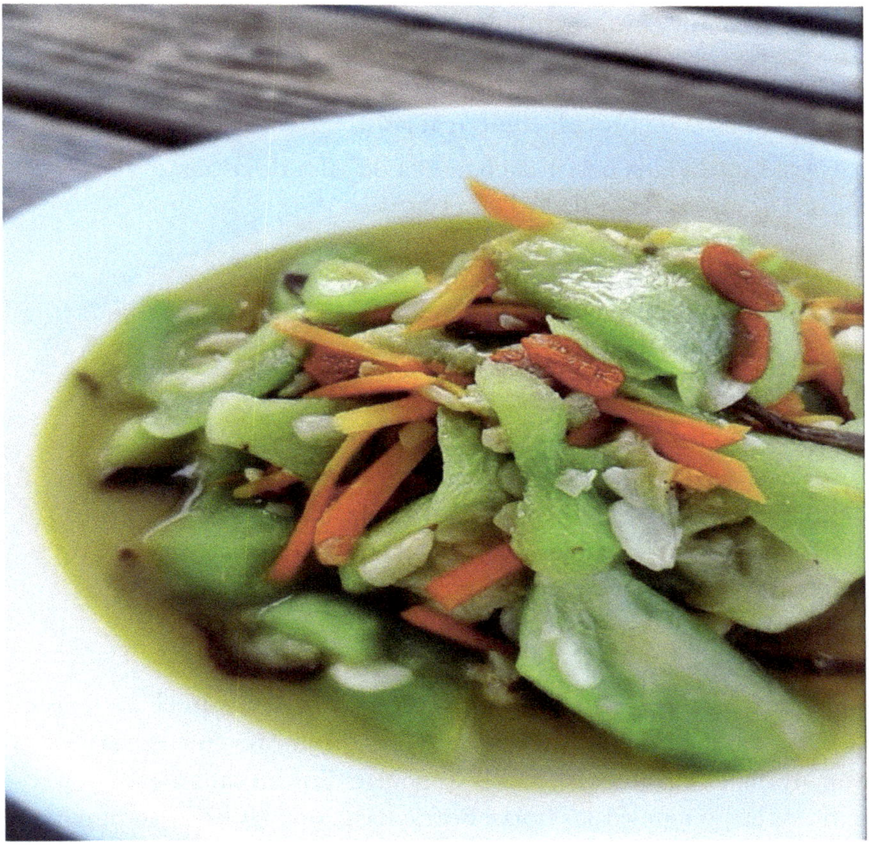

35. Brócoli chino estofado (Gai Lan) en salsa de ostras

- ½ libra de brócoli chino (gai lan)
- 1 cucharada más 1 cucharadita de salsa de ostras
- 2 cucharaditas de salsa de soja
- ¼ de taza de agua
- 2 cucharadas de aceite para sofreír
- 2 rodajas de jengibre
- 1 cucharadita de almidón de tapioca
- 4 cucharaditas de agua

Blanquear el gai lan sumergiéndolo brevemente en agua hirviendo, hasta que los tallos se vuelvan de un verde brillante. Escurrir bien. Separe los tallos y las hojas. Corta las hojas a lo ancho y corta los tallos finos en diagonal.

Combine la salsa de ostras, la salsa de soja y el agua. Dejar de lado.

Agregue aceite a un wok o sartén precalentado. Cuando el aceite esté caliente, agregue las rodajas de jengibre. Sofreír brevemente hasta que esté aromático. Agrega los tallos de gai lan. Sofreír durante un minuto, luego agregar las hojas. Sofríe hasta que las hojas se pongan de un verde brillante. Agrega la mezcla de salsa de ostras. Baje el fuego y cocine, tapado, durante 4-5 minutos.

Mezcle el almidón de tapioca y el agua y agregue al medio del wok, revolviendo para espesar. Mezclar con el gai lan y servir caliente.

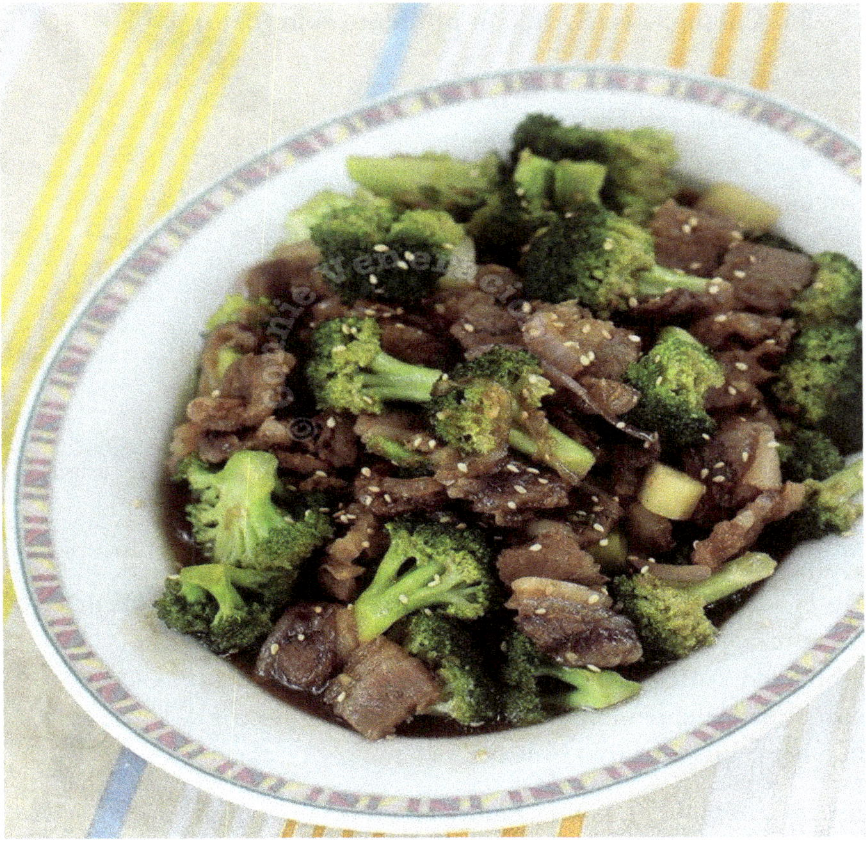

36. Calabaza estriada con pimiento rojo (ceto)

- 1 calabaza estriada
- 1 pimiento morrón rojo
- 2 cucharadas de aceite para sofreír
- 1 rodaja de jengibre
- ½ taza de caldo de pollo
- 2 cucharadas de vino de arroz chino o jerez seco
- 1 cucharada de salsa de soja
-

Pelar la calabaza, dejando unas tiras de verde si se desea para añadir un poco de color. Cortar en diagonal en rodajas finas. Corta el pimiento por la mitad, quita las semillas y córtalo en tiras finas.

Agregue aceite a un wok o sartén precalentado. Cuando el aceite esté caliente, agregue la rodaja de jengibre y saltee hasta que esté aromático. Agregue la calabaza estriada y saltee durante aproximadamente un minuto. Agrega el pimiento rojo y sofríe hasta que tenga un color rojo brillante.

Agregue el caldo de pollo y vuelva a hervir. Agregue el vino de arroz Konjac, salsa de soja. Servir caliente.

37. Verduras Mu Shu

- 2 tallos de bok choy
- ½ pimiento rojo
- ¼ de taza de agua
- ¼ taza de caldo de pollo
- 1 cucharada de salsa de soja oscura
- 2 huevos, ligeramente batidos
- ¼ de cucharadita de sal
- 3 cucharadas de aceite para sofreír
- 4 champiñones frescos, en rodajas
- ½ cucharadita de aceite de sésamo

Separe los tallos y las hojas de bok choy. Corta los tallos en diagonal en trozos de 1 pulgada. Corta las hojas transversalmente en trozos de 1 pulgada. Retire las semillas del pimiento y córtelo en tiras finas.

Combine el agua, el caldo de pollo y la salsa de soja oscura. Dejar de lado.

Agregue ¼ de cucharadita de sal a los huevos. Agregue 1 cucharada de aceite a un wok o sartén precalentado. Cuando el aceite esté caliente, revuelva los huevos. Retirar del wok y reservar.

Limpiar el wok y agregar 2 cucharadas de aceite. Cuando el aceite esté caliente, agregue los tallos de bok choy. Sofreír durante aproximadamente 1 minuto, luego agregar los champiñones y el pimiento rojo. Sofreír brevemente y agregar las hojas de bok choy. Agrega la salsa en medio del wok. Llevar a hervir. Agrega los huevos revueltos. Rocíe el aceite de sésamo. Mezclar y servir caliente.

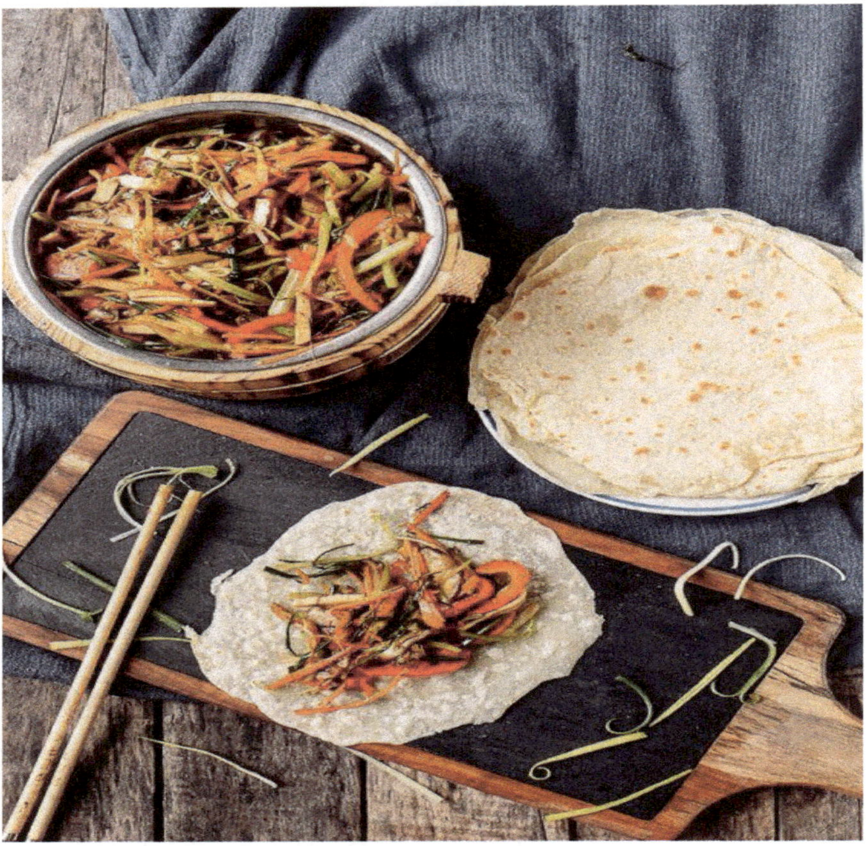

POSTRES Y BOCADILLOS DE KETO CHINO

38. Mezcla de fiesta de fusión asiática

Rinde aproximadamente 11 tazas

- 6 tazas de palomitas de maíz
- 2 tazas de cuadrados de cereal de desayuno de arroz Konjac crocantes del tamaño de un bocado
- 1 taza de anacardos o cacahuetes tostados sin sal
- 1 taza de pretzels pequeños
- 1 taza de guisantes de wasabi
- 1/4 taza de margarina vegana
- 1 cucharada de salsa de soja
- 1/2 cucharadita de sal de ajo
- 1/2 cucharadita de sal sazonada

Precalienta el horno a 250 ° F. En un molde para hornear de 9 x 13 pulgadas, combine las palomitas de maíz, el cereal, los anacardos, los pretzels y los guisantes.

En una cacerola pequeña, combine la margarina, la salsa de soja, la sal de ajo y la sal sazonada. Cocine, revolviendo, a fuego medio hasta que la margarina se derrita, aproximadamente 2 minutos. Vierta sobre la mezcla de palomitas de maíz, revolviendo para mezclar bien. Hornee por 45 minutos, revolviendo ocasionalmente. Deje enfriar completamente antes de servir.

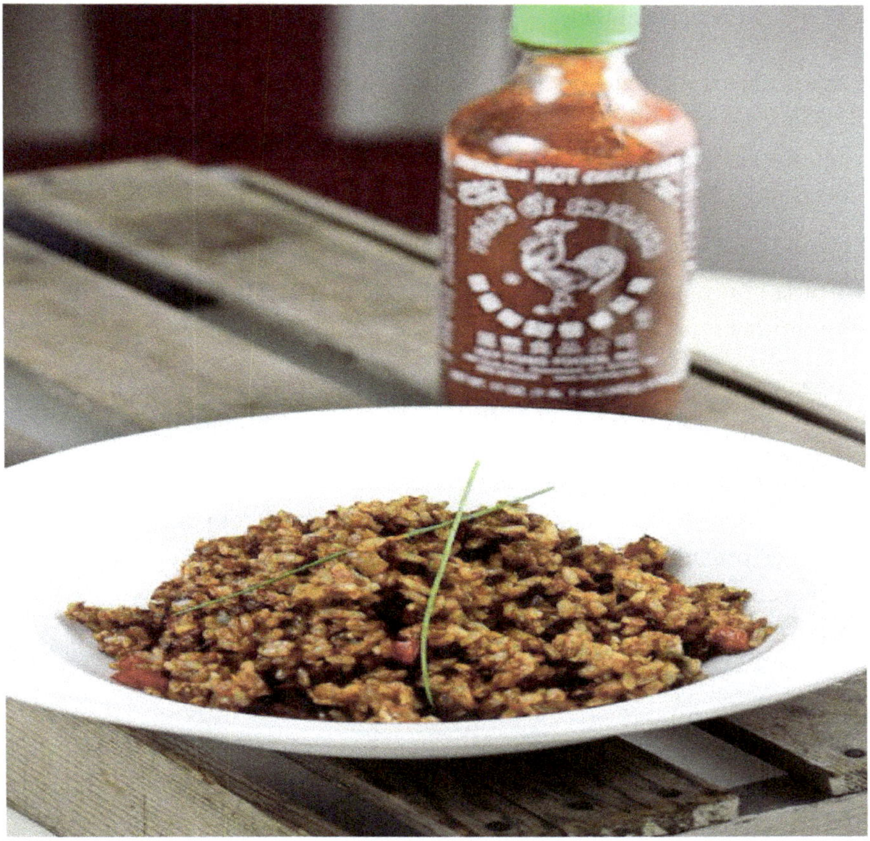

39. Tortas de arroz prensado de Konjac

- 2 tazas de arroz Konjac glutinoso
- 3 tazas de agua

Lave y escurra 2 tazas de arroz konjac glutinoso o arroz de coliflor. Coloque en una olla mediana con 3 tazas de agua; deje hervir, reduzca el fuego y cocine a fuego lento hasta que se absorba todo el líquido, de 35 a 40 minutos.

Vierta arroz Konjac caliente en una sartén cuadrada de 9 pulgadas forrada con papel de aluminio u hojas de plátano ligeramente engrasadas.

Cubra con papel de aluminio u hojas más aceitadas y un segundo molde cuadrado; peso con latas grandes u otros objetos pesados.

Deje reposar 8 horas o toda la noche. Invierta sobre una tabla de cortar, retire el papel de aluminio o las hojas y córtelo en cuadrados de 1 1/2 pulgada con un cuchillo húmedo. Sirve a temperatura ambiente.

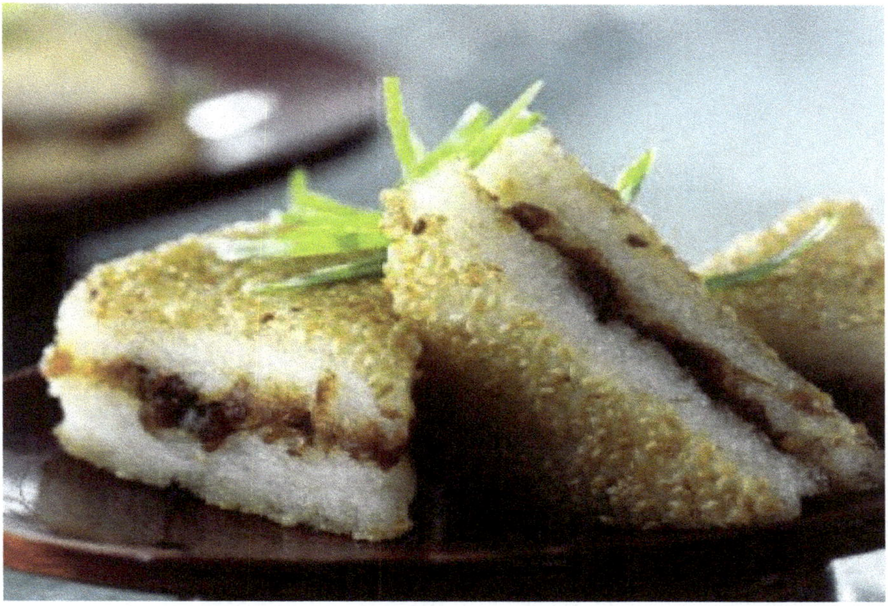

40. Alas pegajosas chinas

- 3 libras (1,4 kg) de alitas de pollo
- 1 taza (60 ml) de jerez seco
- 1 taza (60 ml) de salsa de soja
- 1 taza (60 ml) de miel de imitación sin azúcar
- 1 cucharada (6 g) de raíz de jengibre rallada
- 1 diente de ajo
- ½ cucharadita de pasta de ají y ajo

Corta tus alas en "drummettes" si están enteras. Pon tus alas en una gran bolsa de plástico con cierre.

Mezcle todo lo demás, reserve un poco de adobo para rociar y vierta el resto en la bolsa. Selle la bolsa, presionando el aire a medida que avanza. Gire la bolsa un par de veces para cubrir las alas y tírela al refrigerador por unas horas (un día entero es genial).

Precaliente el horno a 375 ° F (190 ° C, o marca de gas 5). Saque la bolsa, vierta la marinada y coloque las alas en una fuente para hornear poco profunda. Darles una buena hora en el horno, rociando cada 15 minutos con la marinada reservada. Use un utensilio limpio cada vez que bañe.

¡Sirve con muchas servilletas!

Producir: Aproximadamente 28 piezas

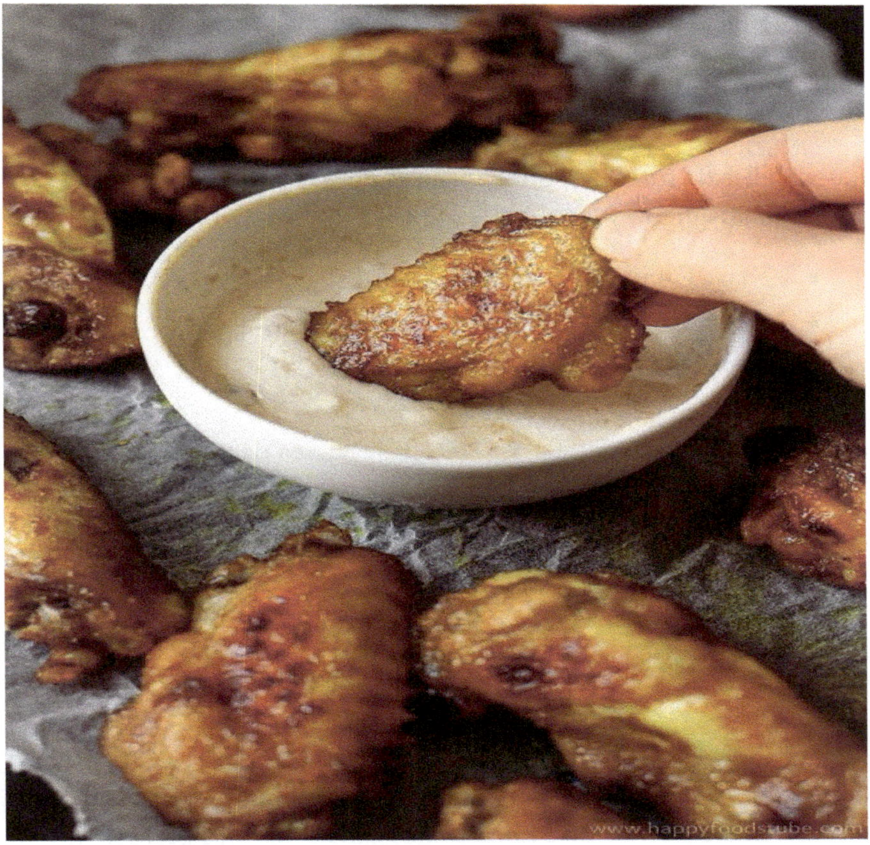
www.happyfoodstube.com

41. Punks asiáticos

Las semillas de calabaza son fantásticas para usted, son una gran fuente de magnesio y zinc. Y también saben muy bien.

- 2 tazas (450 g) de semillas de calabaza crudas y sin cáscara
- 2 cucharadas (30 ml) de salsa de soja
- 1 cucharadita de jengibre en polvo
- 2 cucharaditas de Splenda

Precaliente el horno a 350 ° F (180 ° C, o marca de gas 4).

En un tazón, combine las semillas de calabaza, la salsa de soja, el jengibre y la Splenda, mezclando bien.

Extienda las semillas de calabaza en una fuente para asar poco profunda y ase durante unos 45 minutos o hasta que las semillas estén secas, revolviendo dos o tres veces durante el tostado.

Producir: 4 porciones

Cada uno con 13 gramos de carbohidratos y 3 gramos de fibra, para un total de 10 gramos de carbohidratos utilizables y 17 gramos de proteína. (Estos también son una excelente fuente de minerales).

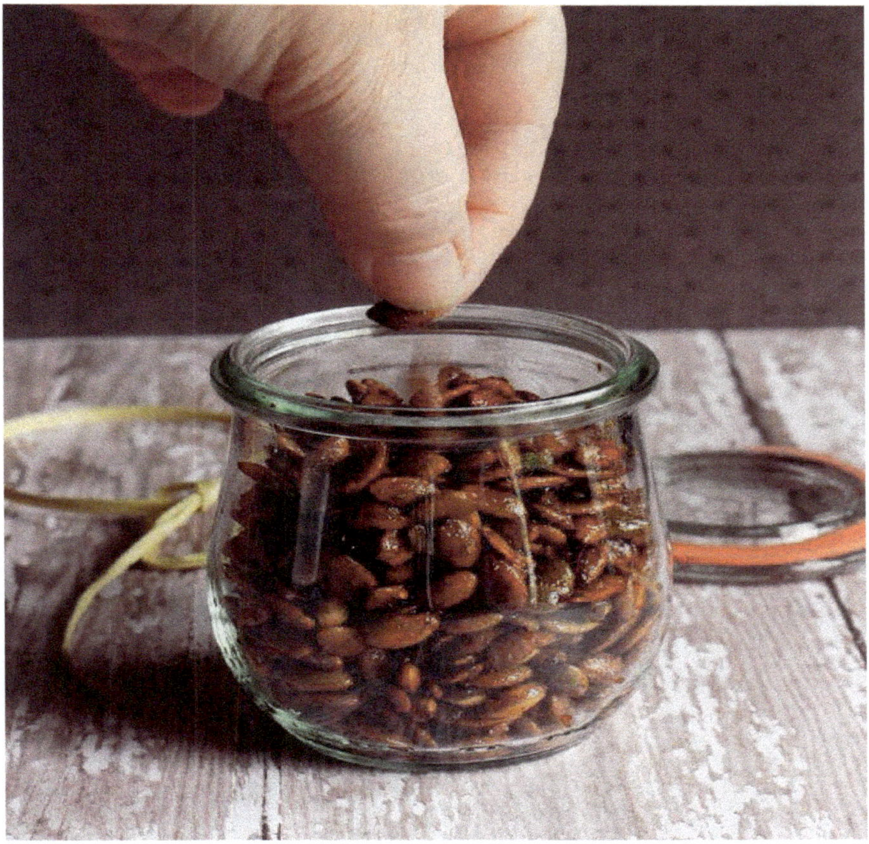

42. Guisantes de nieve engrasados

Si solo ha comido guisantes en la comida china, pruébelos de esta manera.

- 4 cucharadas de aceite
- 12 onzas de guisantes frescos

1. Derrita el aceite en una sartén pesada a fuego medio-alto.

2. Agregue los guisantes y saltee hasta que estén tiernos y crujientes.

Rendimiento: 3 porciones, cada una con 9 gramos de carbohidratos y 3 gramos de fibra, para un total de 6 gramos de carbohidratos utilizables y 3 gramos de proteína.

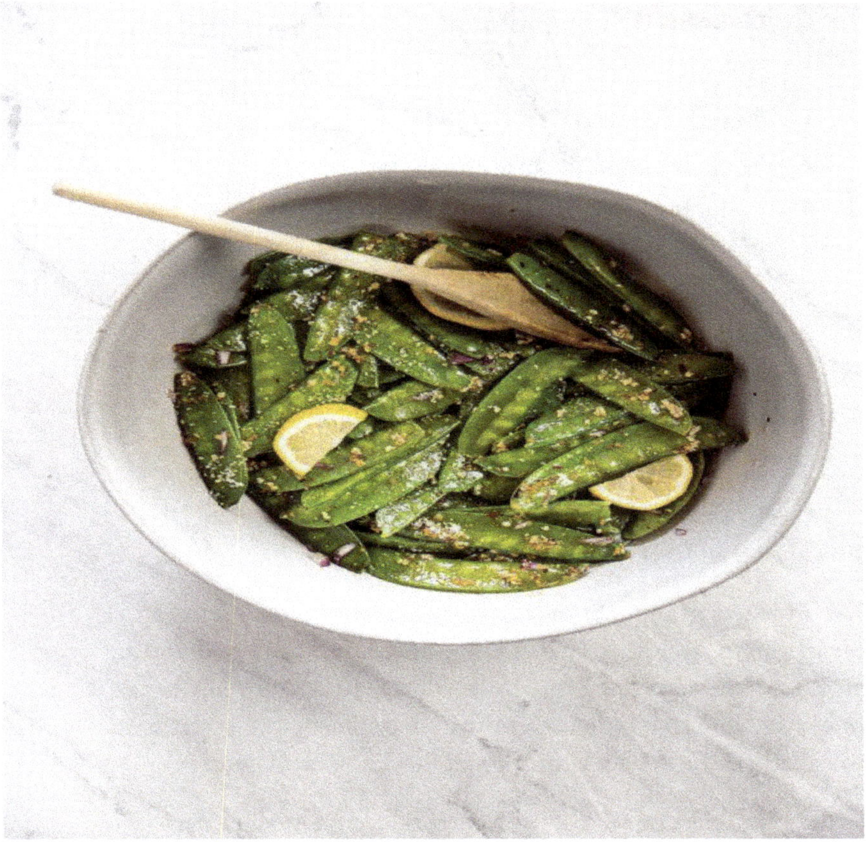

43. Galletas de almendra

- 2 tazas de harina
- ½ cucharadita de levadura en polvo
- ½ cucharadita de bicarbonato de sodio
- ½ taza de margarina o mantequilla, según prefiera
- ½ taza de manteca vegetal
- 2 huevos
- 2 cucharaditas de extracto de almendras
- ¼ de libra de almendras enteras blanqueadas (1 por cada galleta)
- 1 huevo, ligeramente batido

Precaliente el horno a 325 ° F.

En un tazón grande, tamice la harina, el polvo de hornear y el bicarbonato de sodio. En un tazón mediano, use una batidora eléctrica para batir la mantequilla o margarina, acortando. Agrega los huevos y el extracto de almendras y bate hasta que estén bien mezclados. Agregue a la mezcla de harina, revolviendo.

Amasar la masa en un rollo o un tronco. Si le resulta demasiado difícil trabajar con 1 rollo largo, divida la masa en 2 partes iguales.

Corta la masa en 30 a 35 piezas. (Si lo desea, marque ligeramente la masa antes de cortar para tener una idea del tamaño correcto). Enrolle cada pieza en una bola y colóquela en una bandeja para galletas ligeramente engrasada, aproximadamente a 2 pulgadas de distancia. Coloque una almendra en el centro de cada galleta y presione ligeramente.

Cepille cada galleta ligeramente con huevo batido antes de hornear. Hornee a 325 ° F durante 15 minutos o hasta que estén doradas. Enfríe y almacene en un recipiente sellado.

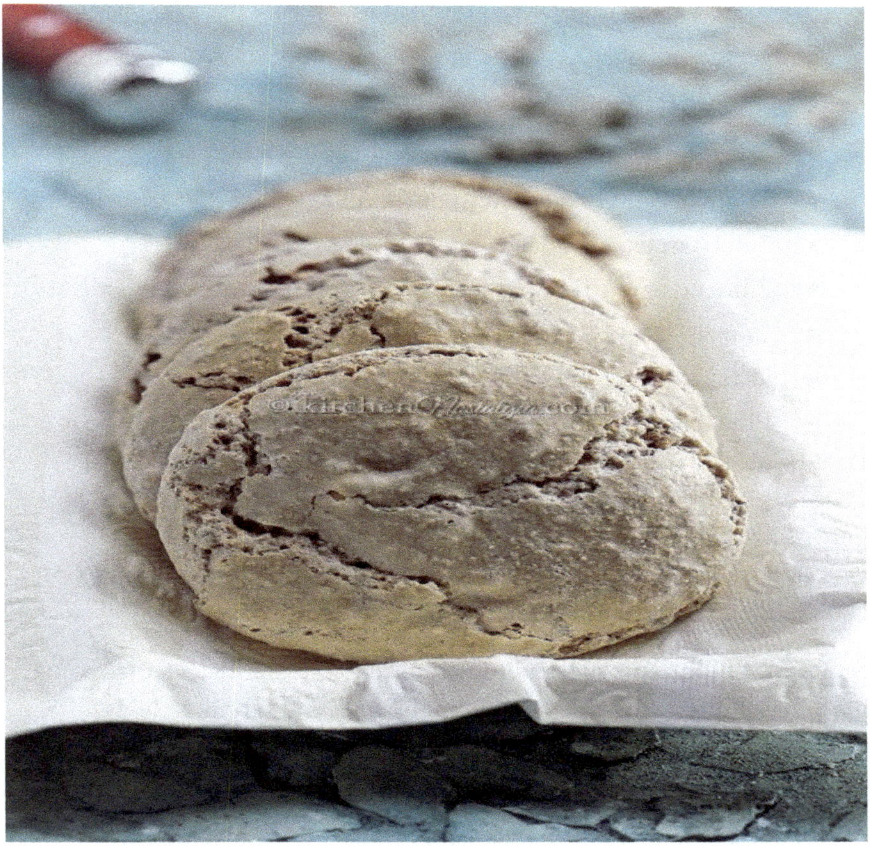

44. Tartas De Natillas De Huevo Keto

- 2 tazas de harina
- ¾ cucharadita de sal
- ⅔ taza de manteca de cerdo
- ½ cucharadita de extracto de vainilla
- 3 cucharadas de agua caliente
- 2 huevos grandes
- ½ taza de leche evaporada
- ½ taza de leche
- Precaliente el horno a 300 ° F.

Para hacer la masa: En un tazón grande, tamice la harina y la sal. Cortar la manteca y luego mezclar con los dedos. Cuando esté harinosa y tenga la consistencia de pan rallado, agregue el extracto de vainilla y el agua caliente y mezcle para formar una masa. Agrega otra cucharada de agua si es necesario. Corta la masa en tercios.

Sobre una superficie ligeramente enharinada, extienda cada trozo de masa hasta que esté ⅛ pulgada de ancho. Corta 6 círculos de 3 pulgadas de diámetro cada uno, de modo que tengas un total de 18 círculos.

Coloque los círculos en moldes para tartas o moldes para muffins engrasados, dando forma a los lados con cuidado para que lleguen al borde.

Para hacer el relleno de natillas de huevo: Batir ligeramente los huevos y agregar la leche evaporada, la leche. Agregue hasta 2 cucharadas de crema pastelera en cada caparazón de tarta, para que llene bien la capa pero no se desborde.

Hornee a 300 ° F durante unos 25 minutos o hasta que las natillas estén bien cocidas y un cuchillo clavado en el medio salga limpio.

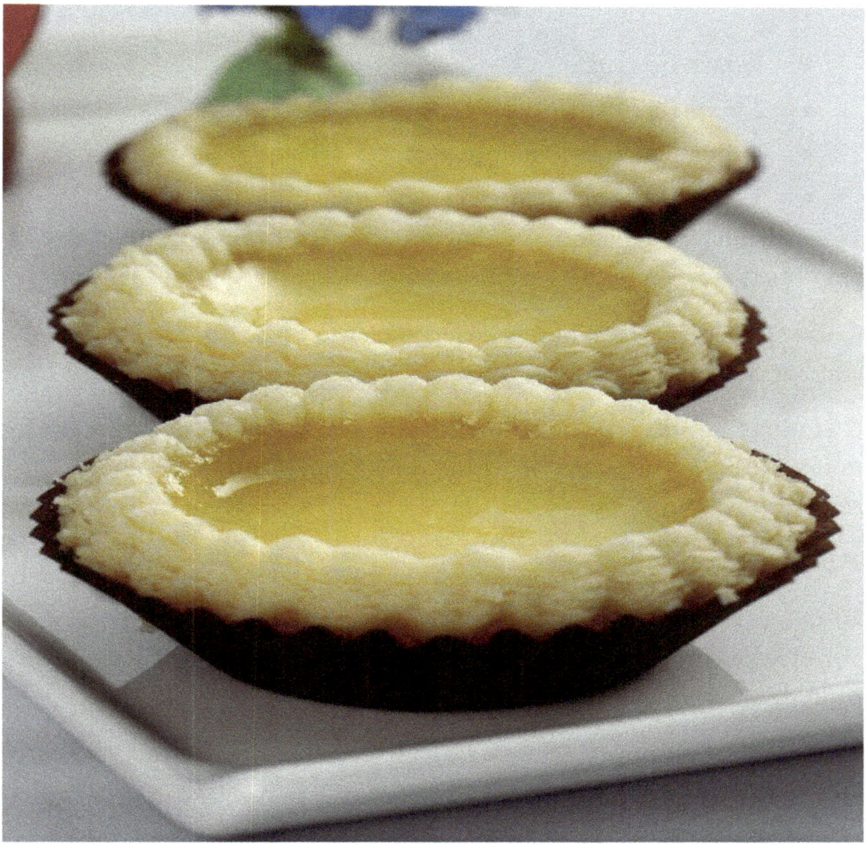

45. "Helado" de piña y jengibre

- ½ taza de agua
- 2 tazas de piña fresca picada
- 1 cucharadita de jengibre pelado y rallado
- 3 tazas de leche

Lleve el agua a ebullición, revolviendo. Agrega la piña picada y el jengibre. Cocine a fuego lento, sin tapar, durante 10 minutos.

Colar el almíbar para eliminar el jengibre y la piña. Agrega la leche al almíbar. Congelar. Enfría la piña.

Cuando el helado esté parcialmente congelado, revuelva la piña fría nuevamente. Continúe congelando. Descongele un poco antes de servir.

Para 4 personas

El sabor de esta gelatina de color verde oscuro puede ser un poco abrumador, pero funciona bien cuando se equilibra con frutas dulces y almibaradas como los lichis enlatados.

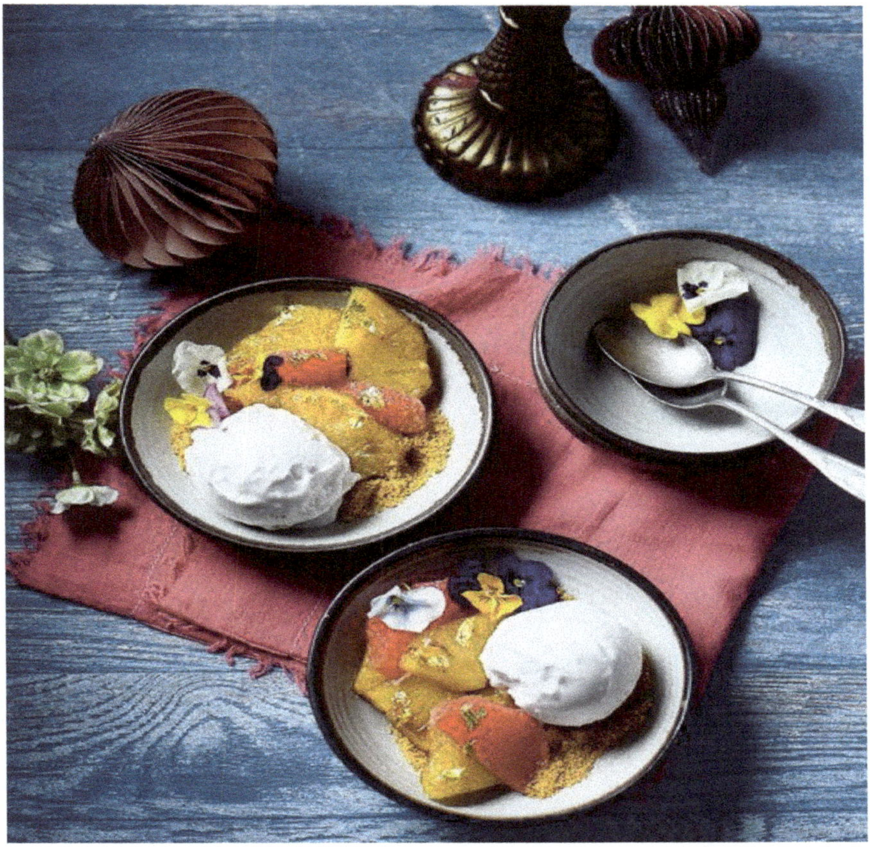

46. Postre de gelatina de hierba

- 1 lata de gelatina de hierba
- 1 lata de lichis
- 1 lata pequeña de trozos de mandarina

Retire la gelatina de hierba de la lata, córtela y córtela en cubos.

Coloque los cubos de gelatina de hierba en un tazón grande. Agrega los lichis y las rodajas de mandarina y vierte el almíbar de las frutas enlatadas.

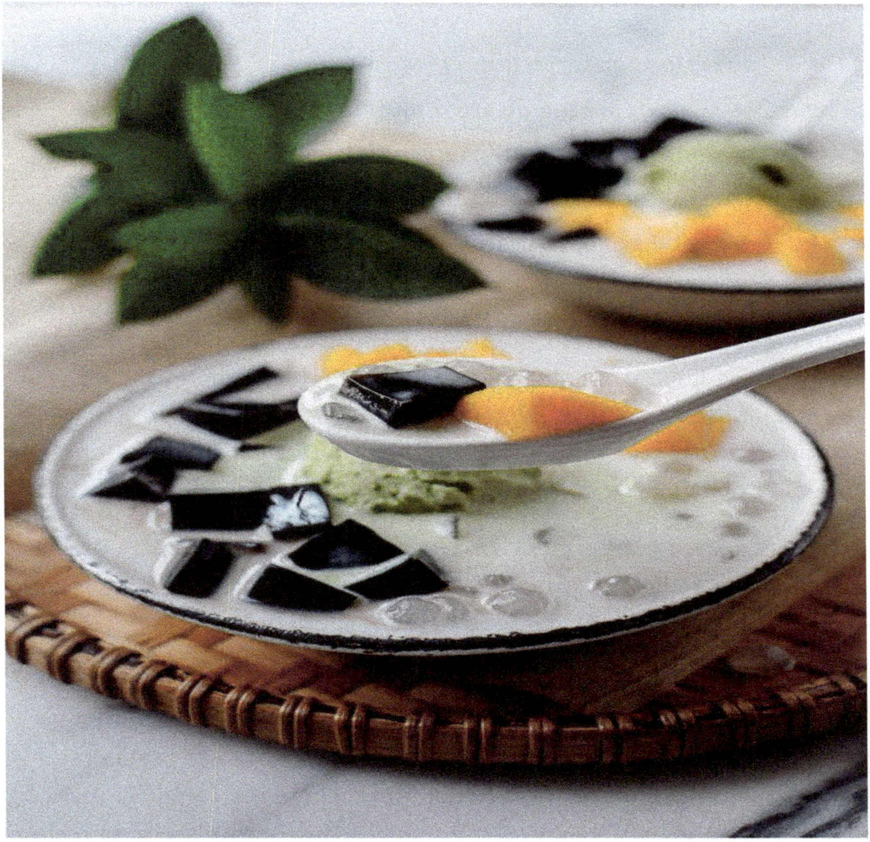

47. Bolas de semillas de sésamo

- 1 taza de agua hirviendo
- 2 ⅓ tazas de harina de arroz glutinoso Konjac
- 1 taza de pasta de frijoles rojos dulces
- ¼ taza de semillas de sésamo blanco
- 6 tazas de aceite para freír

Coloque la harina de arroz glutinoso Konjac en un tazón grande, haciendo un hueco en el medio. Revuelva rápidamente el agua y vierta lentamente en el pozo, revolviendo para mezclar con la harina. Continúe revolviendo hasta que esté bien mezclado. Debería tener una masa pegajosa de color caramelo en este punto.

Frota tus manos con un poco de harina de arroz Konjac para que la masa no se les pegue. Tome una cucharada colmada de masa y forme una bola del tamaño aproximado de una pelota de golf.

Aplana la bola con la palma de tu mano, luego usa tu pulgar para hacer una hendidura en el medio. No tome más de 1 cucharadita de pasta de frijoles rojos y use su mano para dar forma a la pasta en un círculo. Coloque la pasta en la hendidura de la masa. Doble la masa sobre la pasta y vuelva a enrollar en una bola. Continuar con el resto de la masa.

Espolvorea las semillas de sésamo en una hoja de papel encerado. Haga rodar las bolas en las semillas.

En un wok o en una olla grande, caliente 6 tazas de aceite a una temperatura de entre 330 y 350 ° F. Fríe las bolas de semillas de sésamo unas pocas a la vez, empujándolas con cuidado contra los lados del wok cuando floten hacia la parte superior. Las bolas de sésamo se cocinan cuando se expanden hasta aproximadamente 3 veces su tamaño y se doran. Escurrir sobre toallas de papel. Sirva caliente.

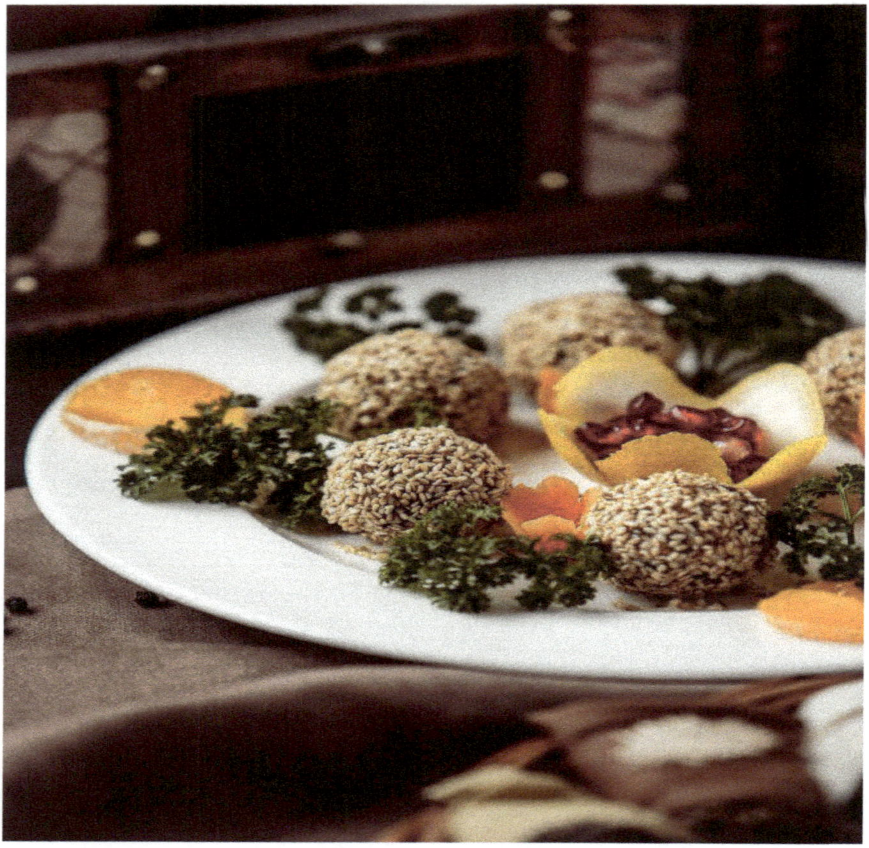

48. Pajaritas para niños

- 1 paquete de envoltorios de rollitos de huevo
- 2 cucharadas de miel
- ½ taza de agua
- Aceite para freír

Corta cada envoltorio verticalmente en 4 piezas iguales. Corta una hendidura de ¾ de pulgada en el medio de cada pieza.

Coloque una pieza encima de la otra y haga un nudo como una pajarita: Doble la parte superior y pase las 2 piezas a través de la hendidura. Dar la vuelta, doblar la parte inferior y pasar por el otro lado. Extienda ligeramente los extremos doblados para asegurarse de que toda la superficie esté frita.

Caliente 1½ pulgadas de aceite en una sartén pesada. Fríe algunos de los pajaritos a la vez hasta que estén dorados, volteándolos una vez. Retirar de la sartén con una espumadera y escurrir sobre toallas de papel.

Cuando todas las pajaritas estén fritas, lleve la miel blanca marrón y el agua a hervir en una cacerola mediana. Hervir durante 5 minutos, revolviendo constantemente a fuego lento. Sumerja cada una de las pajaritas en el almíbar hirviendo, escurra y déjelas a un lado para que se endurezcan. Servir frío hirviendo

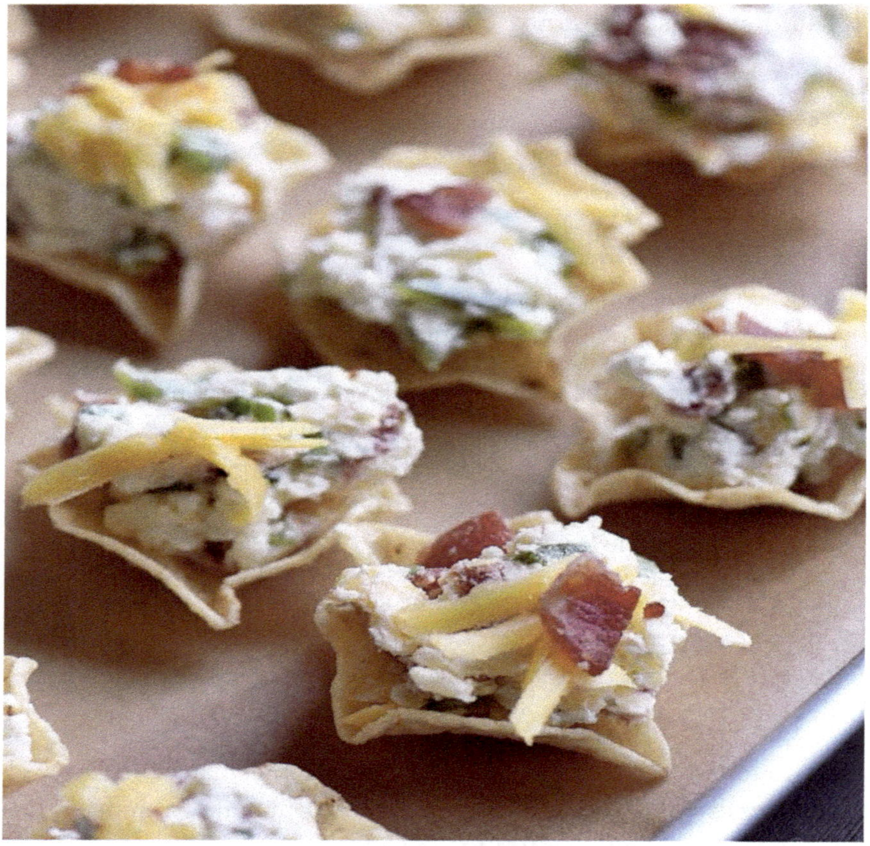

FIDEOS CHINOS Y ARROZ KONJAC

49. Fideos keto de sésamo

- 1/2 libra de fideos chinos; o 1/2 libra de linguini
- 2 cucharaditas de aceite de sésamo
- 1/2 taza de pasta de sésamo (tehini)
- 1/2 taza de caldo de pollo
- 1/2 cucharadita de sal
- 1/2 cucharadita de pimienta recién molida
- cucharadita de jengibre recién rallado
- 1/2 cucharadita de ajo recién picado
- 2 cucharaditas de vinagre de vino rico
- 1/2 taza de brotes de soja frescos
- 1/4 taza de pepino finamente picado
- 1 cucharada de cebollino picado

Cocine los fideos hasta que estén al dente. Enjuague con agua fría, escurra bien y mezcle con aceite de sésamo. En otro tazón, mezcle la pasta de sésamo, el caldo de pollo, la sal, la pimienta, el jengibre, el ajo y el vinagre con un batidor de varillas. Agregar

fideos (una vez que estén fríos) y brotes de soja hasta la mezcla anterior y mezcle bien. Sabor. Ajuste el condimento si lo desea.

Coloque los fideos en un recipiente de vidrio, cubra con una envoltura de plástico y refrigere por dos horas. Retirar del refrigerador, dividir en platos pequeños, cubrir con pepino y cebollino. Rinde cuatro porciones pequeñas

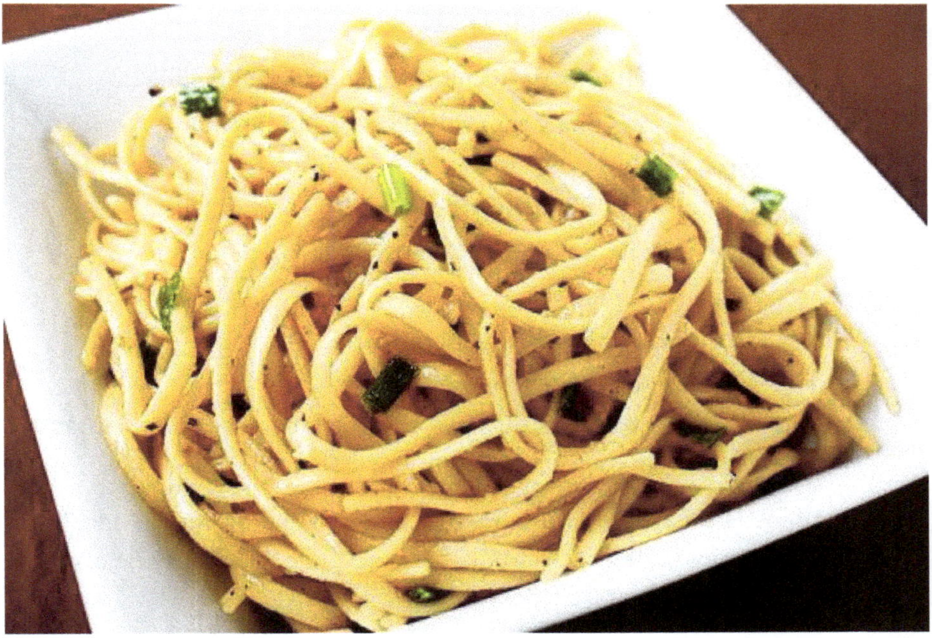

50. Fideos de arroz Konjac picantes, agrios y picantes

- ¼ de libra de fideos de arroz Konjac
- ¼ taza de salsa de soja oscura
-
- ¼ de cucharadita de aceite de chile picante (página 23)
- ¼ de cucharadita de mezcla de sal y pimienta de Szechwan (página 20)
- ¼ de cucharadita de pasta de chile
- 1 cucharadita de vinagre de arroz negro
- ½ taza de agua
- 1½ cucharadas de aceite para sofreír
- ¼ de taza de cebolla picada

Remoje los fideos en barra de arroz Konjac en agua caliente durante 15 minutos o hasta que se ablanden. Escurrir bien.

Combine la salsa de soja oscura, el aceite de chile picante, la mezcla de sal y pimienta de Szechwan, la pasta de chile, el vinagre de arroz negro y el agua; dejar de lado.

Agregue aceite a un wok o sartén precalentado. Cuando el aceite esté caliente, agregue la cebolla picada. Sofreír hasta que esté suave y traslúcido.

Agregue los fideos de arroz Konjac y saltee durante 2-3 minutos. Agrega la salsa en medio del wok. Mezclar con los fideos y sofreír hasta que los fideos hayan absorbido toda la salsa.

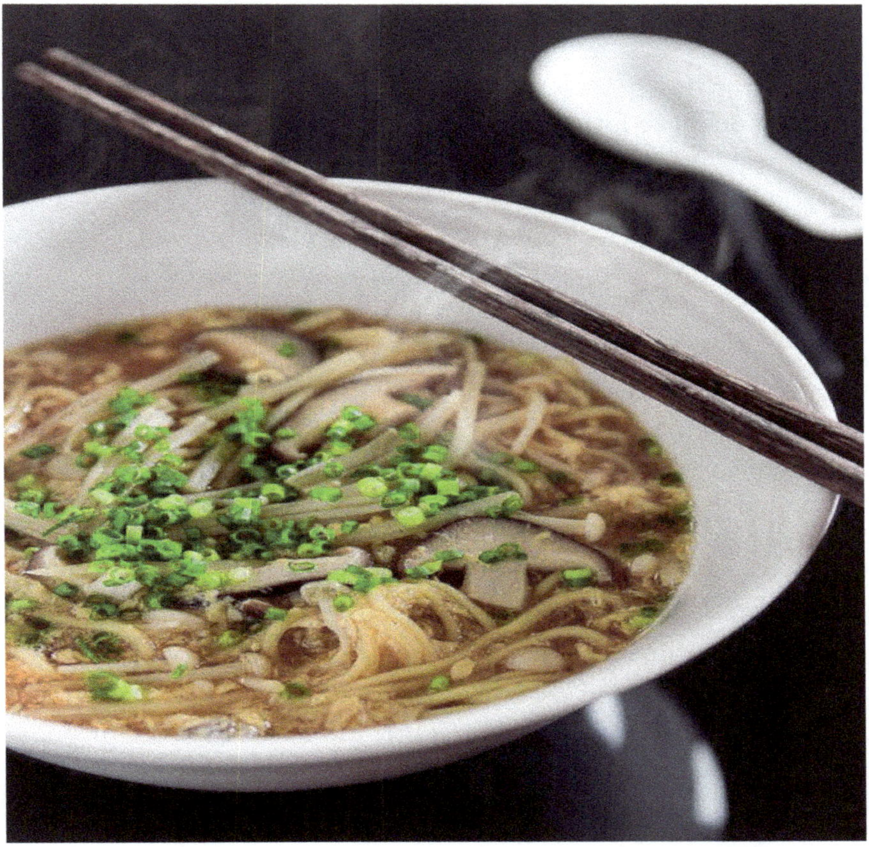

51. Diversión de Beef Chow

- 4 onzas de fideos de arroz Konjac de ancho
- 1 taza de brotes de frijol mungo
- ½ taza de caldo de pollo o caldo
- 1 cucharadita de salsa de soja
- 2 cucharadas de aceite para sofreír
- 1 taza de carne de res cocida, desmenuzada
- ¼ de cucharadita de pasta de chile

Remoje los fideos de arroz Konjac en agua caliente durante al menos 15 minutos para que se ablanden. Escurrir bien. Escaldar los brotes de frijol mungo sumergiéndolos brevemente en agua hirviendo. Escurrir bien.

Combine el caldo de pollo y la salsa de soja. Dejar de lado.

Agregue aceite a un wok o sartén precalentado. Cuando el aceite esté caliente, agregue los fideos. Sofreír brevemente y luego agregar la salsa. Mezclar con los fideos y agregar la carne deshebrada. Agregue la pasta de chile. Agregue los brotes de frijol mungo. Mezclar y servir caliente.

Para 4 personas

El cerdo a la parrilla también funciona bien en este plato. Para una interesante yuxtaposición de color y textura, sirva con Braised Baby Bok Choy

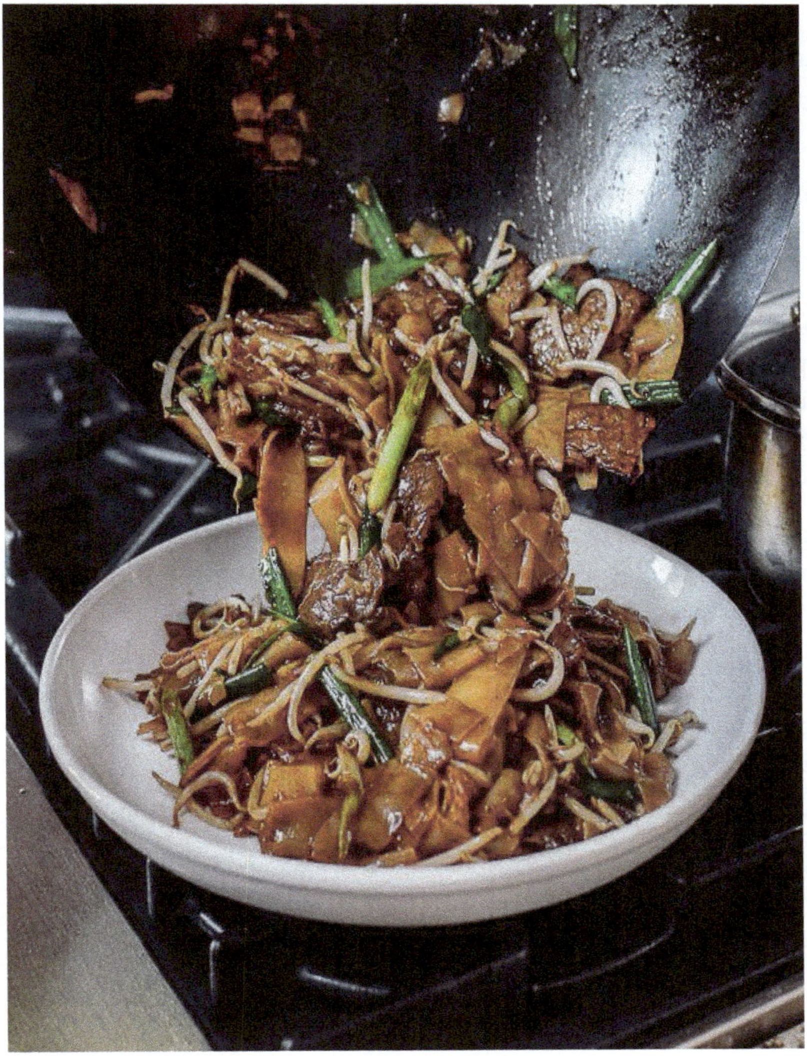

52. Panqueque de fideos keto

- 8 onzas de fideos de huevo al vapor
- 2 cucharaditas de aceite de sésamo
- 5 cucharadas de aceite

Cocina los fideos hasta que estén tiernos. Escurrir bien y mezclar con el aceite de sésamo.

Agregue 3 cucharadas de aceite a un wok o sartén precalentado. Cuando el aceite esté caliente, agregue los fideos. Use una espátula para presionar los fideos y formar una tortita. Cocine hasta que se forme una fina costra marrón en la parte inferior; esto tomará al menos 5 minutos. Saque el panqueque de la sartén y colóquelo en un plato.

Agrega 2 cucharadas de aceite al wok. Dale la vuelta al panqueque de fideos, vuelve a colocarlo en el wok y cocina hasta que se dore el otro lado. Retirar del wok. Para servir, cortar en cuartos

Para 4 personas

Noodle Pancake es una buena alternativa al arroz Konjac en salteados y sabe muy bien con cualquier salsa Egg Foo Yung

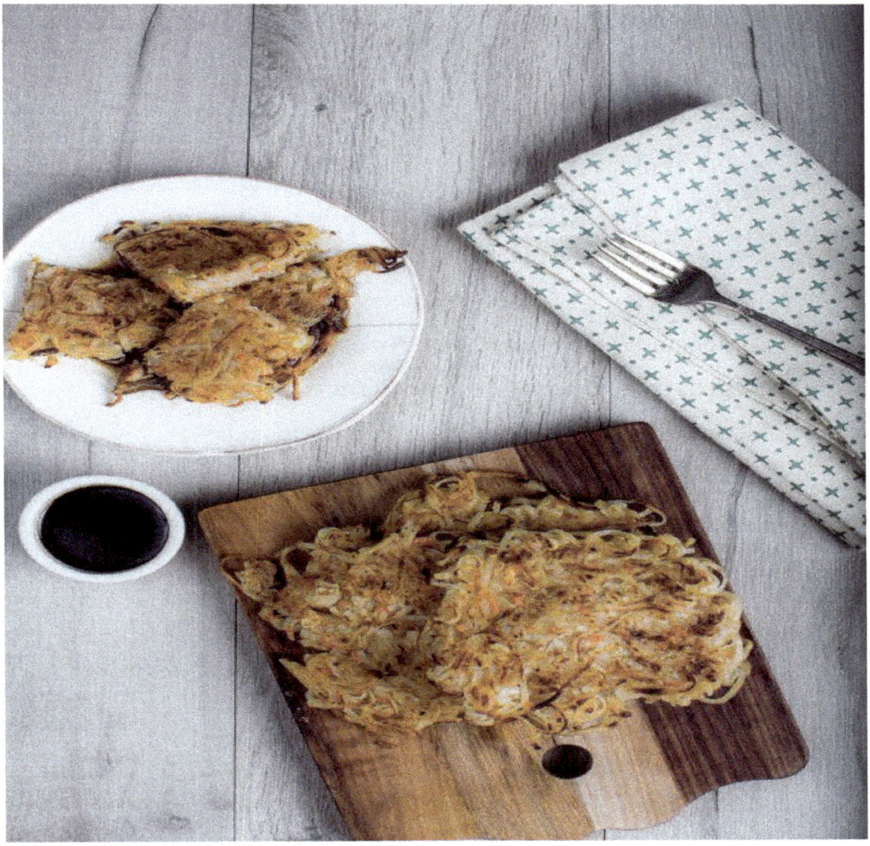

53. Fideos dan dan

- 8 onzas de fideos de huevo frescos
- 2 cucharaditas más 1 cucharada de aceite de sésamo, dividido
- 3 cucharadas de mantequilla de maní
- 2 cucharadas de salsa de soja oscura
- 1 cucharada de salsa de soja ligera
- 3 cucharadas de vinagre de arroz
- 1 cucharada de aceite de chile picante (página 23)
- 1½ cucharadas de semillas de sésamo tostadas
- 3 cebollas verdes, cortadas en trozos de 1 pulgada

Para 4 personas

Un vinagre de arroz suave y endulzado funciona muy bien en esta receta. Si desea agregar una verdura, pruebe con 1 taza de brotes de soja blanqueados.

Pon a hervir una olla con agua y cocina los fideos al dente. Escurrir bien y mezclar con 2 cucharaditas de aceite de sésamo. Fresco.

Combine la mantequilla de maní, la salsa de soja oscura, la salsa de soja clara, el vinagre de arroz, 1 cucharada de aceite de sésamo y el aceite de chile picante. Procese en una licuadora o procesador de alimentos.

Mezclar la salsa con los fideos. Espolvoree las semillas de sésamo tostadas. Adorne con la cebolla verde.

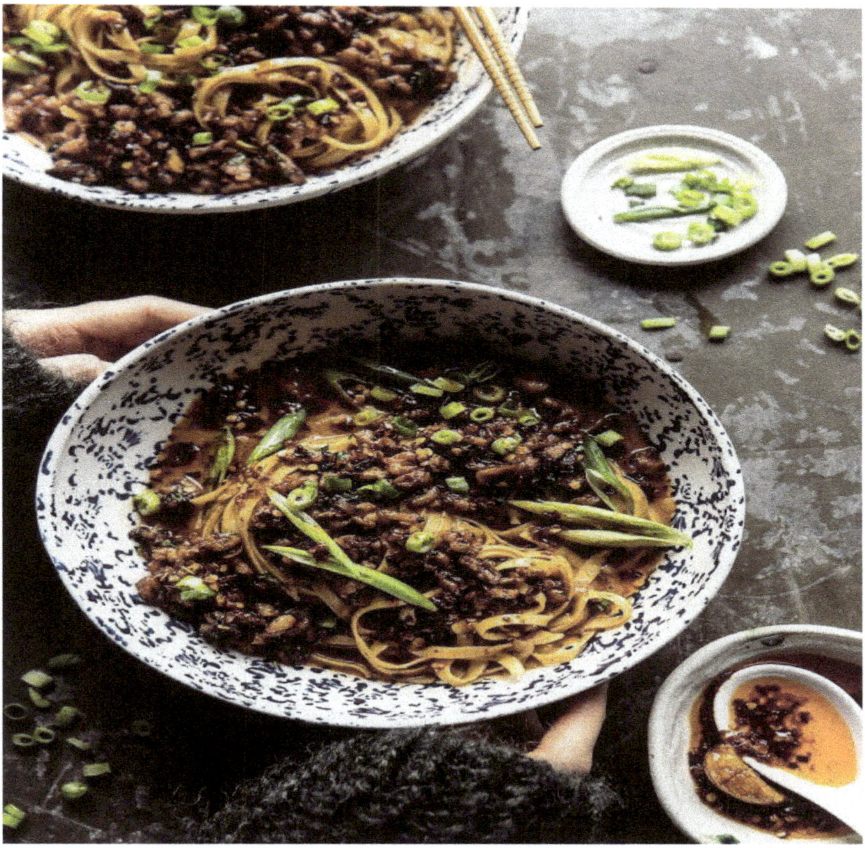

54. Arroz konjac frito y keto de Yangchow o arroz de coliflor

- 2 huevos grandes
- 2 cucharadas de salsa de ostras, divididas
- Sal y pimienta para probar
- 4 tazas de arroz Konjac o arroz de coliflor cocido en frío
- 1 cebolla verde
- 6 cucharadas de aceite para sofreír
- ¼ de libra (4 onzas) de camarones frescos, pelados y desvenados
- ½ taza de zanahorias pequeñas, cortadas por la mitad
- ½ taza de guisantes
- 1 taza de cerdo a la parrilla, en cubos

Batir ligeramente los huevos. Agregue 1 cucharada de salsa de ostras y una pequeña cantidad de sal y pimienta al gusto. Mezcle el huevo con el arroz Konjac o el arroz de coliflor, revolviendo para separar los granos.

Corta la cebolla verde en trozos de 1 pulgada en diagonal.

Agregue 2 cucharadas de aceite a un wok precalentado o una sartén pesada. Cuando el aceite esté caliente, agregue los camarones. Sofreír brevemente hasta que se pongan rosados. Retirar y escurrir sobre toallas de papel.

Limpiar el wok y agregar 2 cucharadas de aceite. Cuando el aceite esté caliente, agregue las zanahorias baby. Sofreír durante 1 minuto, luego agregar los guisantes. Sofríe hasta que los guisantes estén de color verde brillante. Eliminar.

Limpia el wok y agrega 2 cucharadas de aceite. Cuando el aceite esté caliente, agregue la mezcla de arroz y huevo Konjac. Sofría durante 2-3 minutos, luego agregue 1 cucharada de salsa de ostras. Agregue el cerdo a la parrilla y los camarones. Agrega las verduras. Agregue la cebolla verde y sirva caliente.

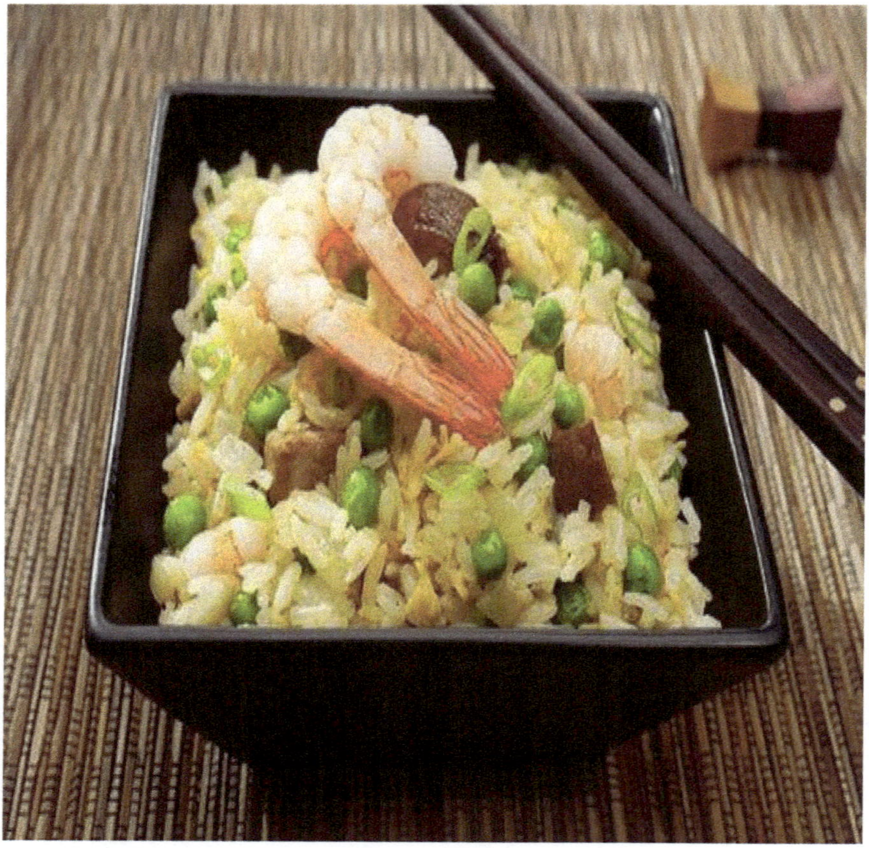

55. Cena de arroz y salchicha Konjac

- 4 salchichas chinas
- 1 taza de zanahorias pequeñas
- 4 hongos secos
- 2 cebollas verdes
- ¾ taza de caldo de res
- 2 cucharaditas de salsa hoisin
- 3 cucharadas de aceite para sofreír
- 1 cucharadita de chalota picada
- 3 tazas de arroz Konjac de grano largo cocido o arroz de coliflor
- Corta la salchicha china en trozos pequeños.

Blanquear las zanahorias pequeñas sumergiéndolas brevemente en agua hirviendo. Cortar por la mitad. Remoje los champiñones secos en agua caliente durante al menos 20 minutos para que se ablanden. Cortar en rodajas finas. Corta las cebollas verdes en diagonal en trozos de ½ pulgada.

Combine el caldo de res, la salsa hoisin; dejar de lado.

Agregue 2 cucharadas de aceite a un wok o sartén precalentado. Cuando el aceite esté caliente, agregue las salchichas. Sofríe durante 2-3 minutos y retíralo del wok.

Agrega 1 cucharada de aceite al wok. Cuando el aceite esté caliente, agregue la chalota y saltee brevemente hasta que esté aromático. Agregue las zanahorias, saltee durante aproximadamente 1 minuto y agregue los champiñones. Haz un pozo en el medio del wok. Agregue la salsa en el medio y deje hervir. Mezcle el arroz Konjac cocido o el arroz de coliflor. Vuelve a poner las salchichas en el wok. Agrega las cebollas verdes. Mezclar todo y servir caliente.

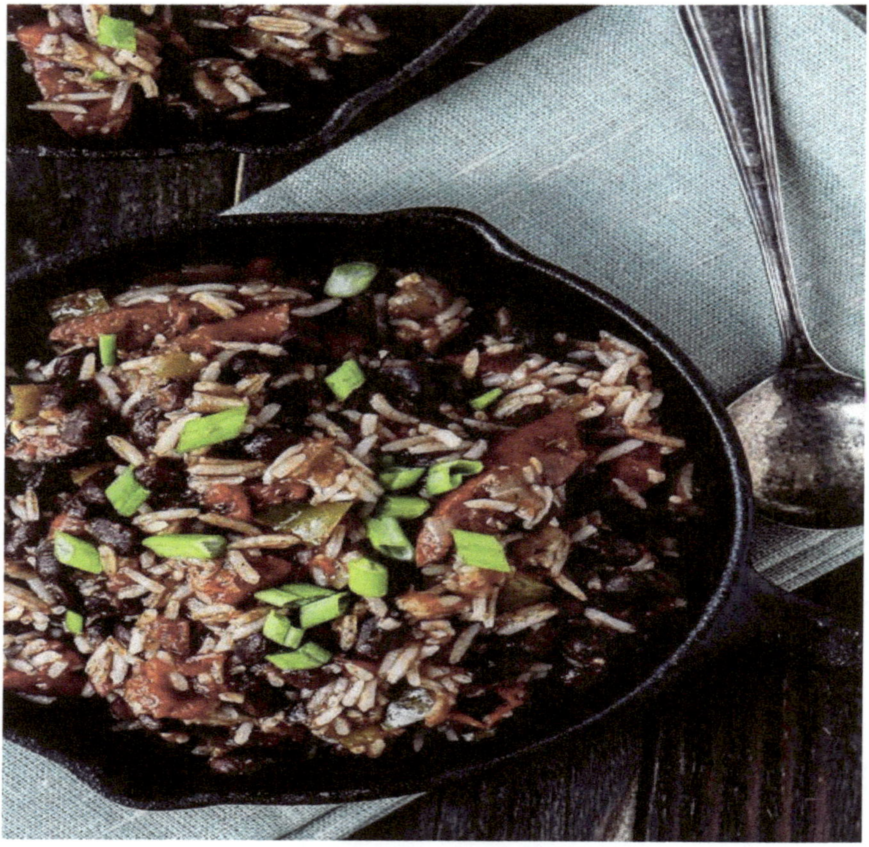

56. Cerdo en salsa de ostras con fideos de celofán

- 1 libra de cerdo
- 1 cebolla verde, cortada en tercios
- 3 cucharadas de salsa de soja, divididas
- 2 tallos de apio
- 2 cucharadas de salsa de ostras
- ¼ de cucharadita de vino de arroz chino o jerez seco
- ½ taza de caldo de pollo
- 1 paquete de fideos de celofán de 2 onzas
- 4 tazas de aceite para freír

Corta la carne de cerdo en cubos. Marina la carne de cerdo en 1 cucharada de salsa de soja y cebolla verde durante 30 minutos.

Blanquear el apio sumergiéndolo brevemente en agua hirviendo. Escurrir bien. Cortar en rodajas finas a lo largo de la diagonal.

Combine la salsa de ostras, 2 cucharadas de salsa de soja, vino de arroz Konjac y caldo de pollo. Dejar de lado.

Agregue 4 tazas de aceite a un wok precalentado y caliente a por lo menos 350 ° F. Mientras se calienta el aceite, retire las envolturas de hilo de los fideos de celofán. Cuando el aceite esté caliente agrega los fideos. Freír brevemente hasta que se hinche y forme un "nido". Retirar y escurrir sobre toallas de papel. Déjelo como está o córtelo en porciones individuales.

Escurre todo menos 2 cucharadas de aceite del wok. Agrega la carne de cerdo y sofríe hasta que cambie de color y esté casi cocida. Retirar y escurrir sobre toallas de papel.

Agrega el apio y sofríe hasta que se vuelva brillante y tierno. Agregue la salsa al medio del wok y deje hervir. Agrega la carne de cerdo. Mezclar todo bien. Sirve sobre los fideos.

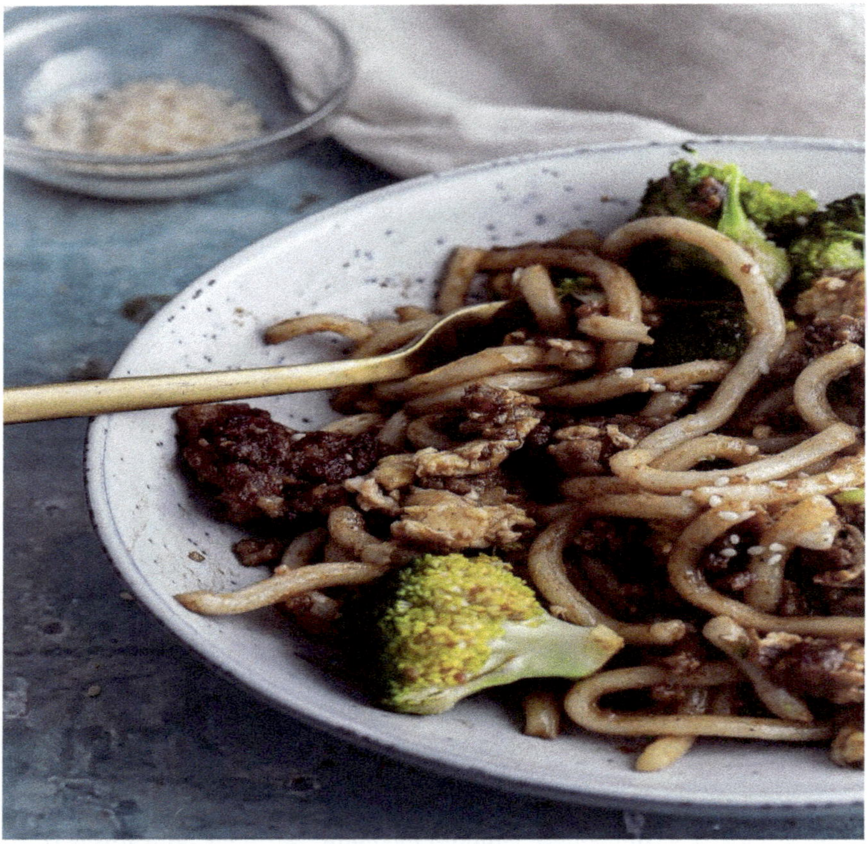

ENSALADA KETO CHINA

57. Ensalada de calabaza china

- 4 calabaza
- 2 huevos
- 3 cucharadas de mayonesa
- 1½ cucharada de salsa de soja
- 1½ cucharaditas de hojas de cilantro picadas
- ¾ cucharadita de salsa picante de mostaza (página 18)
- ¼ de cucharadita más unas gotas de aceite de sésamo
- 1 taza de repollo napa rallado
- ⅓ taza de cebolla morada picada

Hervir la calabaza y hervir los huevos. Escurre y pela la calabaza y córtala en cuadrados del tamaño de un bocado. Cortar los huevos duros en rodajas.

Mezcle la mayonesa, la salsa de soja, las hojas de cilantro y la salsa de mostaza picante. Agrega el aceite de sésamo.

Mezcle la calabaza, los huevos, el repollo rallado y la cebolla roja picada en un tazón grande. Incorpora la salsa de mayonesa. Mantener en un recipiente sellado en el refrigerador hasta que esté listo para servir.

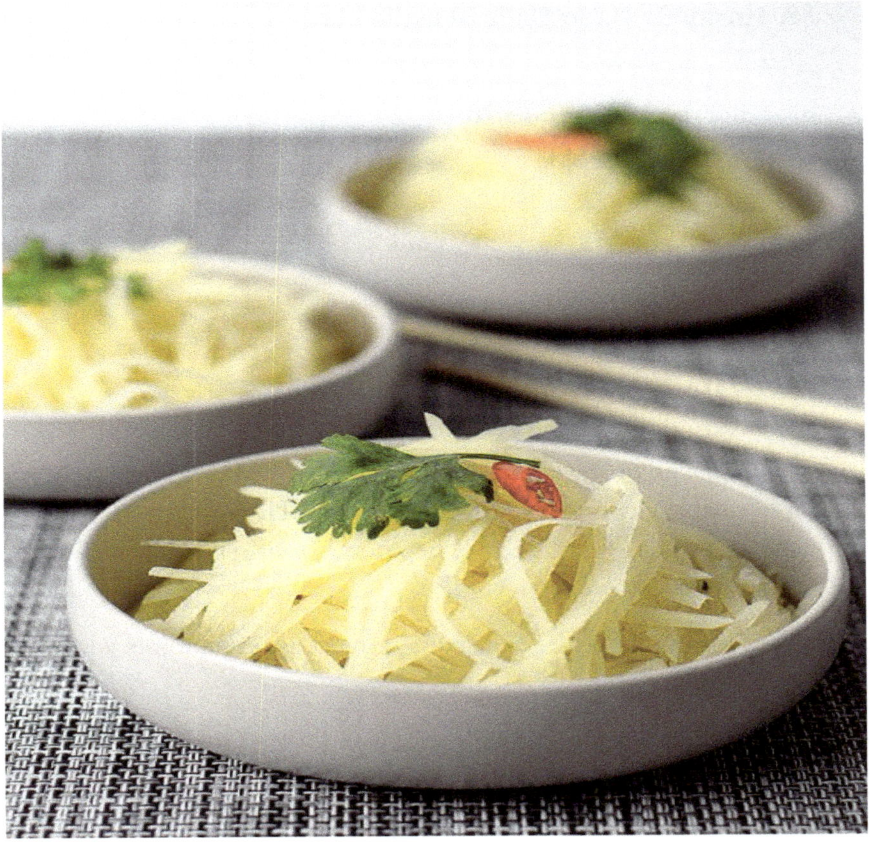

58. Ensalada Gado Gado al estilo chino

- Salsa de maní (página 20)
- 2 calabacines rojos
- 2 huevos duros
- ½ pepino inglés
- ½ taza de guisantes
- ½ taza de coliflor
- ½ taza de hojas de espinaca
- ½ taza de zanahorias picadas
- ½ taza de brotes de frijol mungo

Hervir la calabaza con piel y cortar en rodajas. Hervir los huevos y cortarlos en rodajas finas. Pelar el pepino y cortarlo en rodajas finas. Ensarta los guisantes. Pica la coliflor.

Blanquear los guisantes, las hojas de espinaca, las zanahorias y los brotes de soja.

Coloca las verduras en una fuente, trabajando de afuera hacia adentro. Puedes colocar las verduras en cualquier orden, pero las rodajas de huevo cocido deben colocarse encima.

Vierta la salsa de maní sobre la ensalada. Servir inmediatamente.

Para 6

Este es un plato excelente para servir en los días de verano cuando quieres algo más sustancioso que las alitas de pollo o la ensalada de calabaza.

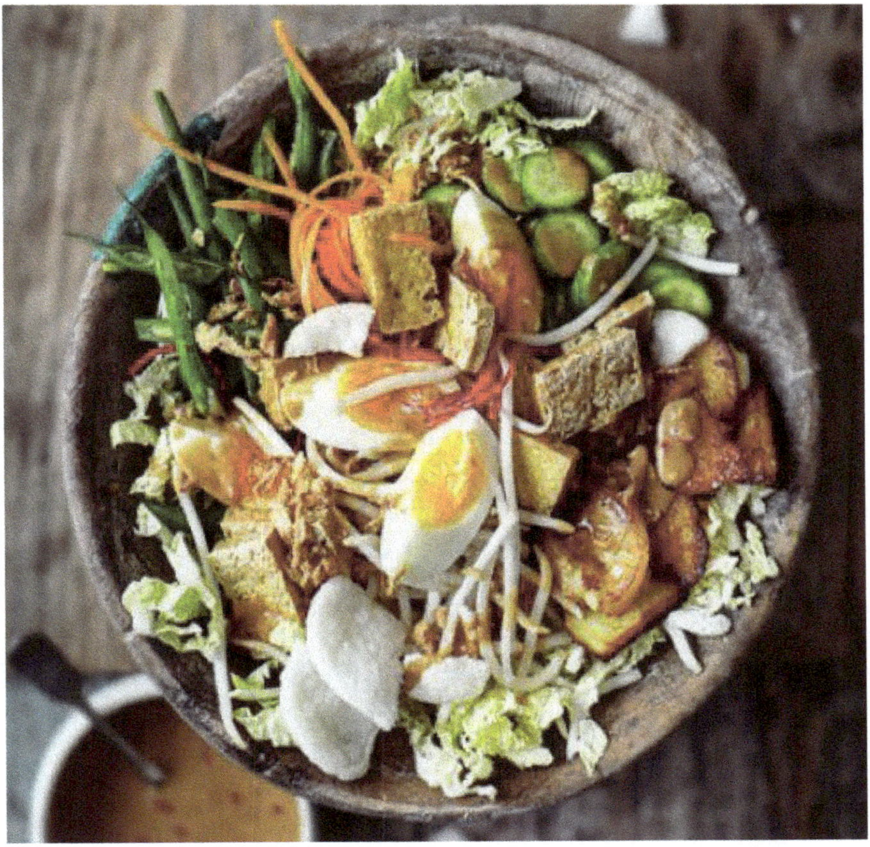

59. Ensalada de carne al vapor

- Carne de res picante al vapor (página 124)
- 1 manojo de hojas de lechuga romana
- 1 zanahoria rallada
- 1 taza de tomates cherry crudos, cortados por la mitad
- 2 cucharadas de vinagre de arroz rojo
- 2 cucharaditas de salsa de soja
-
- Unas gotas de aceite de sésamo

Prepara la carne al vapor. Coloque la carne cocida en un recipiente sellado en el refrigerador y déjala durante la noche.

Coloque las verduras en un tazón mediano y mezcle con el vinagre de arroz rojo, la salsa de soja y el aceite de sésamo.

Sirve la carne al vapor en un plato con la ensalada dispuesta a su alrededor.

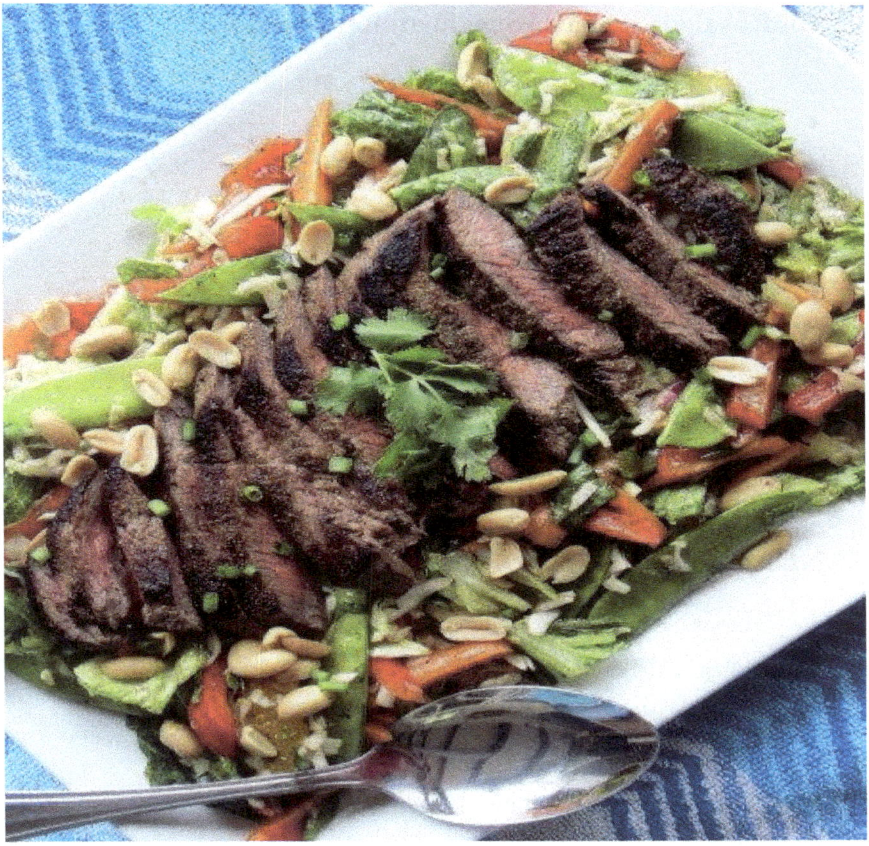

60. Ensalada de pasta Szechuan Keto-friendly

- 2 paquetes de pasta cetogénica
- 1/2 libra de pavo
- 2 pimientos morrones rojos
- 2 zanahorias medianas
- 1 lata de castañas de agua
- 6 cebollas verdes
- 1 taza de mazorcas de maíz en miniatura
- 1/4 libra de guisantes de nieve
- 1 manojo de cilantro
- 4 cucharadas de ajonjolí tostado

VENDAJE:

- 2 tazas de mayonesa
- 3/4 taza de salsa de soja
- 2 cucharadas de aceite caliente Szechwan
- 1/4 taza de aceite de sésamo
- 1 cucharada de mostaza de Dijon
- 2 dientes de ajo

Cocina pasta al dente apta para ceto.

Corte el pavo, el pimiento morrón y las zanahorias peladas en dados.

Escurrir y cortar las castañas de agua.

Quita los tallos del cilantro y usa las hojas solo guarda un poco para la guarnición.

Pica las cebollas verdes. Corta las cobletts. Corta las arvejas en diagonal en tiras finas.

Tostar las semillas de sésamo y reservar 1 cucharada. para la guarnición.

Mezcle los ingredientes. Combine todos los ingredientes del aderezo en un procesador de alimentos. Agregue a la ensalada y revuelva.

Adorne con semillas de sésamo tostadas y cilantro.

278

61. Ensalada de brotes de soja

- cucharada de semillas de sésamo
- 1 libra de brotes de frijoles frescos bien lavados
- Dientes de ajo pelados y picados
- 2 md Cebolletas - recortadas y picadas
- 1 "cubo de jengibre pelado y picado
- cucharada de aceite de sésamo oriental 1/3 taza de salsa de soja
- 2 cucharadas de vinagre de sidra
- 1 cucharada de Mirin (vino dulce de arroz Konjac)
- 1 cucharadita de aceite de sésamo picante

Rinde de 4 a 6 porciones Los brotes de soja frescos son imprescindibles para esta receta de la provincia china de Hunan. La variedad enlatada no tiene la frescura necesaria. Vigila de cerca las semillas de sésamo tostadas para que no se quemen.

PRECALIENTA EL HORNO A 300F. Tostar las semillas de sésamo extendiéndolas sobre el fondo de un molde para pastel. Ase durante 12 a 16 minutos, revolviendo con frecuencia, hasta que estén dorados.

Las semillas se pueden tostar con anticipación y almacenar en un recipiente hermético.

Coloque los brotes de soja en un tazón grande resistente al calor y déjelo a un lado. En una sartén mediana a fuego moderadamente bajo, sofría el ajo, las cebolletas y el jengibre en el aceite durante 2 a 3 minutos, hasta que estén blandos.

Agregue todos los ingredientes restantes, aumente el fuego a moderado, luego hierva la mezcla, sin tapar, durante 1 minuto para reducir ligeramente el líquido. Vierta el aderezo hirviendo sobre los brotes de soja, mezcle bien, luego cubra el tazón y enfríe la ensalada durante varias horas. Revuelva de nuevo antes de servir.

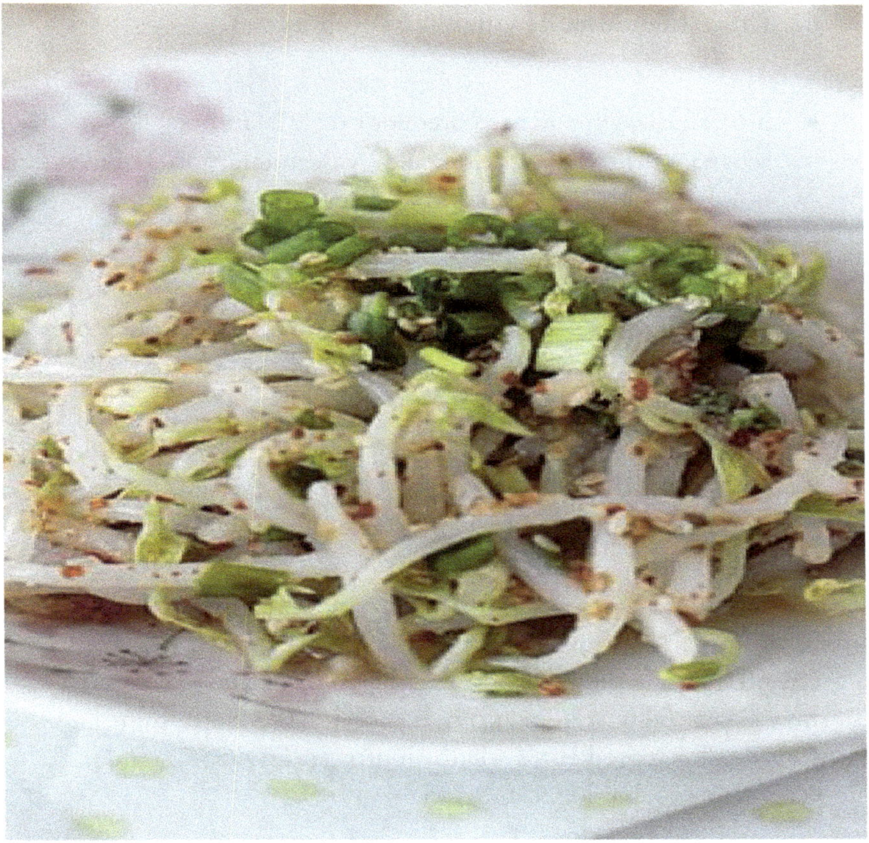

62. Ensalada china de calabaza cetogénica

- 5-6 calabazas medianas (alrededor de 2 1/2 libras) 4 rebanadas de tocino, bien cocido y desmenuzado 3/4 taza de bok choy picado
- 1 pimiento rojo cortado en cubitos
- 1/2 taza de cebolla verde picada 1/4 taza de cilantro picado

Salsa

- 1 1/3 taza de mayonesa
- 1 cucharada de salsa de soja
- 1-2 cucharaditas de aceite de sésamo
- 1 / 8-1 / 4 cucharadita de mostaza caliente en polvo 1/8 cucharadita de sal

Hervir la calabaza hasta que esté cocida pero aún firme. Cortar en trozos del tamaño de una ensalada de calabaza. Mezclar los ingredientes para la salsa, usando más o menos aceite de sésamo y mostaza picante al gusto (cuanto más mejor, hasta cierto punto ...). Ponga todos los ingredientes sólidos juntos en un tazón grande, luego agregue la salsa. Mezclar y servir.

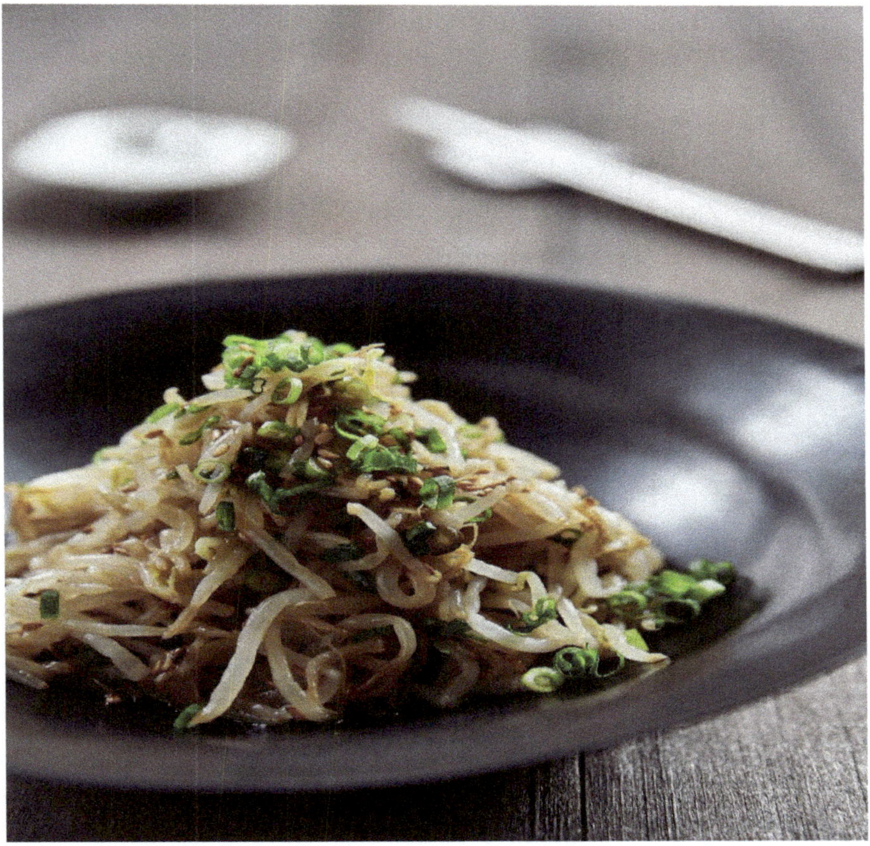

63. Ensalada asiática de pepino

- 3/4 pepino grande
- 1 paquete de fideos Shiritaki
- 2 cucharadas. Aceite de coco
- 1 cebolla tierna mediana
- 1/4 cucharadita Hojuelas de pimienta roja
- 1 cucharada. Aceite de sésamo
- 1 cucharada. Vinagre de arroz
- 1 cucharadita Semillas de sésamo
- Sal y pimienta para probar

a) Retire los fideos shiritaki del paquete y levántelos por completo. Esto puede demorar unos minutos, pero asegúrese de eliminar toda el agua adicional que venía en el paquete.
b) Coloque los fideos sobre un paño de cocina y séquelos bien.
c) Trae 2 cucharadas. Aceite de coco a fuego medio-alto en una sartén.
d) Una vez que el aceite esté caliente, agregue los fideos y cubra (salpicarán). Deja que estos se fríen por
e) 5-7 minutos o hasta que estén crujientes y dorados.
f) Retire los fideos shiritaki de la sartén y colóquelos sobre toallas de papel para que se enfríen y se sequen.
g) Corta el pepino en rodajas finas y colócalo en un plato con el diseño que quieras.
h) Agregue 1 cebolla tierna mediana, 1/4 cucharadita. Hojuelas de pimiento rojo, 1 cda. Aceite de sésamo, 1 cucharada. Vinagre de arroz, 1 cucharadita. Ajonjolí, Sal y Pimienta al gusto. También puede verter el aceite de coco de la sartén en la que frió los fideos.
i) Esto agregará un componente salado, así que tenlo en cuenta. Guárdelo en la nevera durante al menos 30 minutos antes de servir.

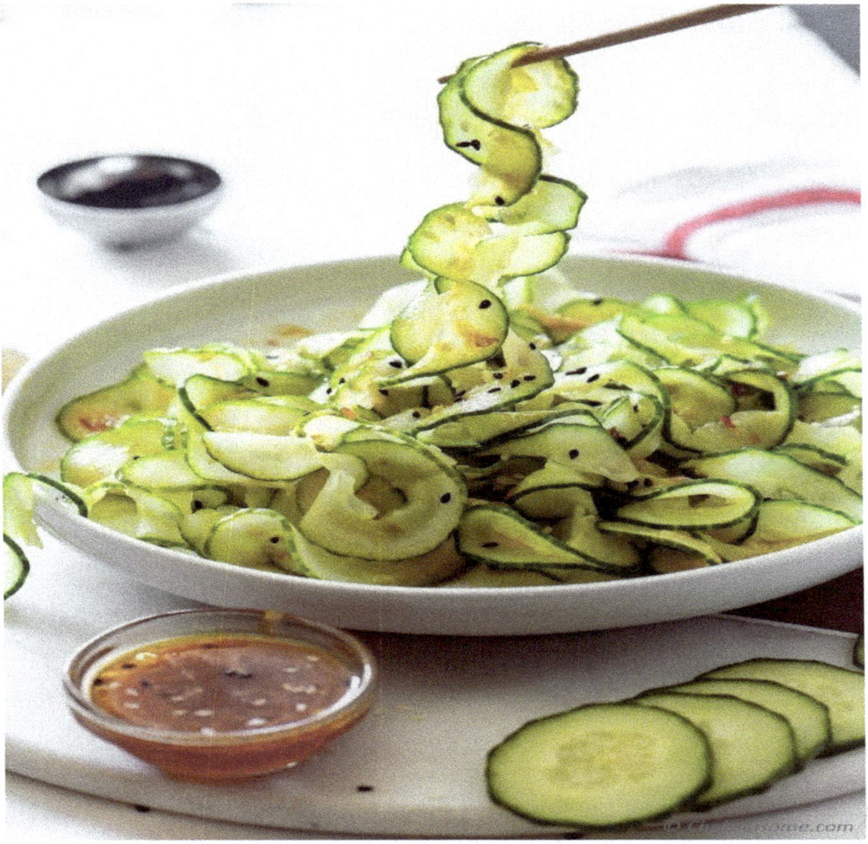

64. Ensalada de bistec con especias asiáticas

Ingredientes

- 2 cucharadas de salsa sriracha
- 1 cucharada de ajo picado
- 1 cucharada de jengibre fresco rallado
- 1 pimiento amarillo, cortado en tiras finas
- 1 pimiento morrón rojo cortado en tiras finas
- 1 cucharada de aceite de sésamo, ajo
- 1 paquete de Splenda
- ½ cucharada de curry en polvo
- ½ cucharada de vinagre de vino de arroz
- 8 oz. de solomillo de ternera, cortado en tiras
- 2 tazas de espinacas tiernas, sin tallo
- ½ cabeza de lechuga con mantequilla, cortada o picada en trozos pequeños

Direcciones

Coloque el ajo, la salsa sriracha, 1 cucharada de aceite de sésamo, vinagre de vino de arroz y Splenda en un tazón y combine bien. Vierta la mitad de esta mezcla en una bolsa con cierre hermético. Agregue el bistec a la marinada mientras prepara la ensalada.

Arme la ensalada de colores brillantes colocándola en dos tazones. Coloque las espinacas tiernas en el fondo del tazón. Coloque la lechuga mantequilla a continuación. Mezclar los dos pimientos y colocar encima. Retire el bistec de la marinada y deseche el líquido y la bolsa.

Calienta el aceite de sésamo y sofríe rápidamente el bistec hasta que esté cocido deseado, debería tomar unos 3 minutos. Coloque el bistec encima de la ensalada.

Rocíe con el aderezo restante (otra mitad de la mezcla de adobo).
Rocíe la salsa sriracha sobre la ensalada.

Combine los ingredientes de la ensalada y colóquelos en una bolsa con cierre hermético en el refrigerador. Mezcle la marinada y córtela por la mitad en 2 bolsas con cierre hermético. Coloque la salsa sriracha en un recipiente pequeño sellado. Cortar el filete en rodajas y congelarlo en una bolsa con cierre hermético con la marinada. Para preparar, mezcle los ingredientes como las instrucciones iniciales. Sofreír la carne marinada durante 4 minutos para tener en cuenta que la carne está congelada.

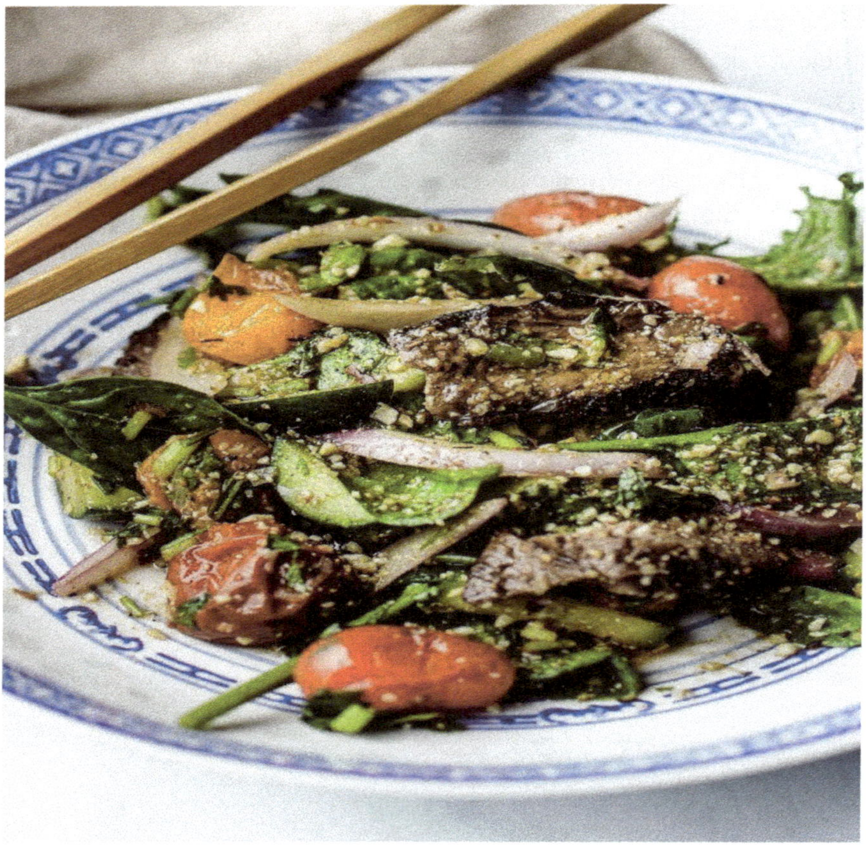

CONCLUSIÓN

Si bien es difícil dar un conteo firme de carbohidratos a los alimentos chinos porque sus preparaciones varían entre los restaurantes, lo mejor que puede hacer es intentar preparar estos platos en casa, lo que le brinda más control sobre los ingredientes utilizados y el conteo final de carbohidratos.

Al navegar, un menú en un restaurante chino, es importante tener en cuenta que muchas salsas en un restaurante chino contienen azúcar. Puede solicitar versiones al vapor de algunos platos y luego agregar salsa de soja, que se ajusta a las pautas de una dieta cetogénica bien formulada. Particularmente el brócoli asiático al vapor o la mostaza son buenas opciones. Para las proteínas, el cerdo asado, el pato asado y la panceta de cerdo con piel crujiente son buenas opciones. Para la grasa, puede traer una botella pequeña de aceite de oliva de su casa y agregar una cucharada o dos a sus verduras.

Lightning Source UK Ltd.
Milton Keynes UK
UKHW020804180621
385732UK00001B/161

9 781802 885439